O MERCOSUL

DIMENSÕES DO PROCESSO DE INTEGRAÇÃO NA AMÉRICA DO SUL

Augusto Zanetti

O MERCOSUL

DIMENSÕES DO PROCESSO DE INTEGRAÇÃO NA AMÉRICA DO SUL

1ª edição - São Paulo - 2015

© *Copyright*, 2015, Augusto Zanetti

Todos os direitos reservados.
Editora Claridade Ltda.
Av. Dom Pedro I, 840
01552-000 – São Paulo – SP
Fone/fax: (11) 2168-9961
E-mail: claridade@claridade.com.br
Site: www.claridade.com.br

Coordenação Editorial: Marco Haurélio
Revisão: Augusto Rodrigues
Capa e Editoração eletrônica: Viviane Santos
Pesquisa iconográfica: Augusto Zanetti

Dados Internacionais de Catalogação na Publicação (CIP)
Angélica Ilacqua CRB-8/7057

Zanetti, Augusto
 O Mercosul : dimensões do processo da integração na América do Sul / Augusto Zanetti. – São Paulo : Claridade, 2015.
 172 p. (Saber de tudo)

Bibliografia
ISBN: 978-85-8032-048-0

1. MERCOSUL (Organização) 2. Negócios 3. Economnia I. Título

15-0786   CDD 337.18

Índices para catálogo sistemático:
1. América Latina – Integração econômica

Em conformidade com a nova ortografia.
Nenhuma parte deste livro pode ser reproduzida sem a autorização expressa da Editora Claridade.

Sumário

Prefácio 7

1. Os mecanismos de integração da América Latina: de Simón Bolívar à Associação Latino-Americana de Integração (ALADI) 12

1.2 Brasil e Argentina se aproximam com a democratização 22

1.3 O Tratado de Assunção e o Protocolo de Ouro Preto do MERCOSUL 32

1.4 Aspectos centrais do MERCOSUL 35

1.5 O aspecto cultural e a identidade mercosulina 59

1.6 A importância do Parlasul 61

1.7 Teoria Geral do Direito da Integração e do Direito Comunitário 72

1.8 Cidadania do MERCOSUL 73

2. Etapas de integração econômica 77

3. As teorias de integração e os blocos econômicos 81

3.2 Teoria política da integração 83

3.3 Escola funcionalista 84

3.4 Escola neofuncionalista 86
3.5 Teoria de integração regional 88
3.6 Supranacionalidade 89
3.7 Integração e soberania 91

4. Integração assimétrica: o caso do Uruguai no MERCOSUL 96

5. A Petrobras no processo de integração do setor energético sul-americano 104
5.2 O processo de integração energética na América do Sul 108

6. A União Sul-Americana de Nações (UNASUL) 116

7. Infraestrutura Regional Sul-Americana (IIRSA) 124

8. A adesão da Venezuela ao MERCOSUL 131

9. Acordo de livre comércio entre MERCOSUL e a União Europeia (UE) 138
9.2 Acordo-Quadro de Cooperação entre MERCOSUL e União Europeia 141
9.3 O histórico das negociações MERCOSUL e UE entre os anos de 1999 e 2004 145
9.4 A questão agrícola 147
9.5 O setor de serviços e produtos manufaturados 149

Conclusão 152

Outras leituras, outras visões 163

Sobre o autor 171

Prefácio

No período colonial e logo após a independência, durante a fase do nacional-imperialismo (1840-1884), se estendendo até o entre guerras (1919-1939), a América do Sul foi palco dos mais violentos e sangrentos conflitos do continente americano. Desde a chegada dos espanhóis e portugueses ao continente, a bacia do rio da Prata foi o cenário de disputas luso-espanholas (o que hoje é o Uruguai já foi espanhol, português e, em seguida, voltou a ser espanhol e brasileiro, até se tornar independente em 1828). É nessa unidade territorial que se encontram os principais sócios do Mercado Comum do Cone Sul, o denominado MERCOSUL.

Para entendermos a importância do processo de integração comercial vale lembrar que no transcurso dos séculos XVI e XVII, a Espanha a planejou e implantou utilizando as "frotas de galeões". Tal iniciativa facultava apenas alguns portos para enviar ou receber mercadorias originárias das demais unidades coloniais. Esse sistema, no entanto, ameaçava o desenvolvimento econômico regional. Por conseguinte, a cidade de Buenos Aires, fundada em 1580, em função desse confinamento não encontrou outra saída a não ser o intercâmbio comercial, ainda que ilegal, com o Brasil. Essa atividade ilícita, que estava destinada a crescer cada vez mais, foi o início de uma relação entre o extremo sul brasileiro e os países de origem espanhola do rio da Prata.

No século XVIII, por outro lado, o processo de emancipação política da América do Sul aprofundou os contrastes existentes entre os países da região. Nesse período ocorreram importantes capítulos da história do Brasil, da Argentina, Paraguai e Uruguai. Os exemplos mais destacados são a Guerra da Cisplatina, a Independência da Banda Oriental do Uruguai (1828), a Grande Guerra Uruguaia (1851-1852), a Revolução Farroupilha (1835-1845), as disputas entre unitários e federalistas na Argentina (1850-1880), a Guerra no Uruguai (1864) e por fim a Guerra do Paraguai (1865-1870); alianças, intervenções e conflitos envolvendo a Argentina (as províncias do interior contra Buenos Aires), Uruguai (*blancos* versus *colorados*), Brasil e Paraguai, que forjaram o contexto histórico no interior no qual ocorreu a formação dos Estados platinos.

Desde o governo brasileiro de Campos Sales, em 1900, durante a longa chancelaria do Barão do Rio Branco (1902-1912), (que concentrou enormes esforços a fim de promover a concepção de hegemonia compartilhada entre os vizinhos sul-americanos no eixo simétrico) e, mais tarde em 1935, na administração Getúlio Vargas foram encaminhadas negociações no sentido de instituir a integração de três países economicamente mais expressivos na América do Sul. Essa tentativa assumiu a denominação de Pacto ou Bloco do ABC e se pautou pela iniciativa de unir a Argentina, o Brasil e o Chile nos quadros de uma hegemonia compartilhada com um objetivo fundamental: criar as condições ideais para que os países do Cone Sul pudessem resolver de comum acordo suas disputas sem intromissões externas.

Em 1941, em plena Segunda Guerra Mundial, pela primeira vez Brasil e Argentina tentaram criar uma União Aduaneira. Todavia, esse projeto não se concretizou devido às diferenças diplomáticas que atravessavam os dois países no que dizia respeito às políticas do Eixo (Alemanha, Itália e Japão) ao sistema interamericano de segurança coletiva e ao ataque à época da base naval norte-americana de Pearl Harbor.

O projeto de integração regional tornou-se relevante, assumindo uma importância central no pensamento sul-americano logo depois da Segunda Guerra Mundial, em função das repercussões desse conflito no que tange as dificuldades de importação e, por outro lado, pelos superávits comerciais da balança de pagamentos que algumas economias latino-americanas tinham acumulado nesse período. Foi a fase do hiato temporal no transcurso da Guerra Fria (1947-1991), denominado "desenvolvimento para dentro", que atingiu sua plenitude na década de 1950-1960, quando são projetadas as políticas de "substituição de importações", que em última instância consistiram no aproveitamento e incremento da base produtiva do momento anterior (1939-1945) para atender à demanda interna de bens intermediários e de consumo.

Consolida-se, a partir desse momento, o paradigma de política externa conhecido como nacional desenvolvimentista populista, criado no contexto do primeiro governo Vargas (1930-1945), com o objetivo de superar a crise de 1929. A segunda fase desse esforço de substituição das importações, cuja variável dependente consistia na industrialização, buscou obter créditos, financiamentos, recursos e programas de cooperação técnico-científica, fundamentalmente norte-americana — embora o grande irmão do Norte em larga medida rejeitasse disponibilizá-los, preferindo financiar setores de consumo popular, cuja lucratividade era imediata e, por outro lado, mantendo os países sul-americanos dependentes de suas importações — a fim de que a economia brasileira e sul-americana estivesse em condições de abrigar setores de bens de capital, infraestrutura e de consumo duráveis. Por meio da barganha ou da negociação da aliança estratégica com os EUA no auge da Guerra Fria no desenrolar da Guerra da Coreia (1950-1954), países latino americanos, e principalmente o Brasil, acalentavam o desejo de atingir seus objetivos completando o chamado ciclo de "substituição de importações", iniciando, assim, um período no qual a base de produção de bens de capital sairia fortalecida.

Tal projeto no âmbito da política industrial, que visava, sobretudo, a superação do atraso sofreu forte influência da Comissão Econômica para a América Latina e o Caribe (CEPAL); que desde sua criação em 1948 projetava promover a integração regional mediante um modelo de preferências comerciais baseadas no planejamento, visando a impulsionar os fluxos de intercâmbio intrarregional. O fortalecimento dos mercados internos dos países da região, no entender dos teóricos cepalinos, eliminaria a dependência tecnológica, bem como a ausência de um parque industrial em condições de produzir bens industrializados duráveis e de capital. Com base nessa avaliação, a CEPAL elaborou trabalhos sobre desenvolvimento econômico regional, que conduziram à priorização da expansão das forças produtivas internas e distribuição de terras e renda que propiciariam melhorias nas condições de vida das populações locais. Procurou-se pensar o subcontinente como um todo possível de se integrar numa vasta União Aduaneira, num imenso mercado regional que geraria uma economia de escala e evitaria o uso do dólar.

Nesse sentido, a integração era vista como o melhor caminho para o desenvolvimento regional porquanto por meio dela era possível incrementar o mercado interno e impedir a deterioração da base de trocas: a relação desigual entre quem exportava matérias-primas e importava manufaturados que agregavam valor e tecnologia. Em outro sentido um dos principais fatores, apontados pela CEPAL, responsáveis pela baixa eficiência dos investimentos em grande número de países subdesenvolvidos era reconhecidamente a insuficiência das dimensões dos mercados locais, uma vez que estes não conseguiam sustentar um desenvolvimento regional. Avaliava-se que à medida que a ampliação desses mercados fosse alcançada, ter-se-ia uma maior diversificação industrial, uma mudança produtiva, e ao mesmo tempo ganhariam intensidade a concorrência externa e investimentos expressivos em tecnologia, atraindo consequentemente novos investimentos. Assim sendo o alargamento dos mercados regionais, segundo a CEPAL, asseguraria uma base sólida para que pudesse ser instaurado um crescimento autônomo e acelerado que favoreceria a diversificação da pauta de exportações.

Foi a partir dessa constatação que em 1956 começou-se a falar com certa insistência em uma unidade econômica latino-americana. E no interior da CEPAL foi criado um comitê para identificar os meios para a intensificação do comércio visando esse objetivo. Pensou-se que um mercado comum impulsionaria a industrialização e seria a base sólida para o desenvolvimento regional independente. Em 18 de fevereiro de 1960, Argentina, Brasil, Chile, México, Paraguai, Peru e Uruguai assinaram o Tratado de Montevidéu que criou a Associação Latino-Americana de Livre Comércio (ALALC), com o intuito de estabelecer uma zona de livre comércio que fortaleceria os mercados internos mediante a industrialização. Nos anos seguintes, deu-se a adesão da Bolívia, Colômbia, Equador e Venezuela a esse mesmo processo de integração.

Com o fracasso da ALALC foi criada, na década de oitenta do século vinte, a Associação Latino-Americana de Integração (ALADI). Em função dela, o Mercado do Cone Sul (MERCOSUL), que muito embora esteja atravessado de ponta a ponta por inúmeras limitações, constitui-se, até nossos dias, no processo de integração mais bem-sucedido da América do Sul.

1
Os mecanismos de integração da América Latina: de Simón Bolívar à Associação Latino-Americana de Integração (ALADI)

Desde o modelo associativo proposto, no século XIX, por Simón Bolívar, o mais renomado líder do processo de emancipação das colônias espanholas, são recorrentes os projetos de integração na América Latina.

Em 1815, através da Carta da Jamaica, Bolívar expressa seu desejo de criar uma Unidade Hispano-Americana composta pelos países que à época haviam se tornado independentes do Império Espanhol; ficavam de fora o Haiti de colonização francesa, o Brasil portuguesa e os Estados Unidos anglo-saxônica e protestante. A unidade que Bolívar almejava criar se assemelharia mais a uma Confederação, vale dizer, asseguraria um maior grau de independência do que a federação norte-americana, forjada em 1776, e se estenderia do México à Argentina, unindo em decorrência do idioma espanhol, da história comum, bem como da religião católica, os Estados-Nações que surgiram durante o processo de independência da América hispânica.

Em 1826, quando definitivamente se encerra o movimento de independência da parte meridional do continente americano, Simón Bolívar convoca uma nova Conferência ou um Congresso

Simón Bolívar (1783-1830), o libertador, o primeiro projeto de integração.

Anfictiônico (palavra de origem grega cujo significado é construir, transformar, derivado etimologicamente de fundação conjunta), no Panamá, com o intuito de consolidar e aprofundar o modelo de Unidade Hispano-Americana lançado em 1815.

Tal Conferência, contudo, não teve a participação de todos os países convidados e por isso deixou de atingir os objetivos integracionistas. O processo de integração formulado por Bolívar no Panamá que se assentava na constituição de uma confederação de Estados hispano-americanos dotada de um exército e uma política externa comum se esfacelou em função do fenômeno do caudilhismo, qual seja a privatização do espaço público liderado pela elite *criolla* (filhos de espanhóis nascidos na América), a falta de experiência política mais ampla desta, pois no período colonial só havia ocupado cargos políticos em *cabildos* (uma versão da época colonial das câmaras municipais dos dias de hoje) e, por esse motivo, carecia de uma visão mais abrangente, bem como de longo prazo, a concentração da população do subcontinente nas grandes cidades costeiras ou à beira dos principais rios, futuras capitais, como Buenos Aires, Assunção, Montevidéu, Lima e outras e por fim a inexistência de complementaridade econômica entre as diferentes regiões.

Assim, em lugar da unidade articulada a partir de uma construção política fundamentada em moldes de uma Confederação, Bolívar assistiu ao fenômeno da fragmentação, presenciando, por conseguinte, a dissolução de sua utopia, posto que a unidade territorial da antiga colônia hispano-americana tornou-se um projeto impossível de ser realizado.

A América Espanhola, até mesmo no âmbito de seus vice-reinados do período colonial, a exemplo da Nova Espanha, Nova Granada, do Peru e da Prata dividiu-se em inúmeros Estados-Nações, muito embora estes privassem do mesmo idioma e possuíssem um passado e uma religião comuns.

Ainda assim, antes da segunda metade do século XIX, sob a influência dos ideais bolivarianos, ocorreram outros três encontros continentais. Em 1848, na cidade de Lima no Peru, foi selado o "Tratado de Confederação" por Bolívia, Chile e Equador; no entanto, por ser extremamente limitado, não apresentava uma proposta sólida e eficaz de cooperação para a defesa mútua. Em 1856 ocorre o Congresso de Santiago reunindo Chile, Peru e Equador, países que lideraram a assinatura de um tratado continental, que, no entanto, nunca de fato chegou a ser respeitado por qualquer uma das partes. E por fim, em 1864-1865, realizou-se a segunda Conferência em Lima, com a participação de El Salvador, Guatemala, Peru e Venezuela, na qual foram acordados os termos de segurança comum, já esboçados em 1848, e a implementação do projeto de constituição de uma Confederação. Malgrado tais esforços integracionistas constata-se que nenhuma das três propostas veio de fato a ser colocada em prática.

Nesses termos o hispano-americanismo compartilhado pelas antigas colônias espanholas desde a região setentrional do continente americano, passando pela sua porção central e meridional, excluindo nesse sentido a América britânica e lusitana, perdeu sua força em larga medida no final do século XIX.

Nesse mesmo período, após a guerra de Secessão (1863-1865), os Estados Unidos tornaram-se uma potência regional emergente e, já no início do século seguinte, na fase expansionista imperialista, com o enfraquecimento do hispano-americanismo, ganha projeção a proposta "panamericanista" estadunidense.

O termo "panamericanismo" surgiu nos Estados Unidos no fim do século XIX e tem como sua origem remota a doutrina do presidente norte-americano James Monroe (1823), que sustentava, no âmbito do processo de independência da América luso-espanhola, o preceito de uma "América para os americanos"; livre, portanto, da ingerência europeia.

Em seu sentido específico, a Doutrina Monroe, como ficou conhecida, a partir dos ideais do presidente Monroe tinha duas características essenciais: o explícito anticolonialismo e uma não plenamente revelada e, por conseguinte, implícita, fundamentada na convicção de que os Estados Unidos deviam cumprir uma missão, um desígnio divino ou um Destino Manifesto que estes estavam predestinados a realizar. Tal crença acabou justificando, na passagem do século XIX para o XX, o expansionismo norte-americano, que abrigava em seu núcleo duro dois aspectos centrais: por um lado não permitir a intervenção dos Estados europeus no continente americano e, por outro, assegurar a consolidação da hegemonia e supremacia estadunidense nessa região. A Doutrina Monroe amparou e referendou a influência e as ações imperialistas estadunidenses na América Latina; e, enquanto o hispano-americanismo excluía as colônias britânicas, francesas, holandesas e a lusitana, o pan-americanismo propunha englobar todas elas num projeto integracionista comum[1].

Em 1889-1890, a partir de convite do governo dos Estados Unidos, na cidade de Washington DC – EUA, realizou-se a Primeira Conferência Internacional Americana. Dezoito estados participaram, foi decidido constituir a União Internacional das Repúblicas Americanas que, depois, passou a ser denominada a União Pan-Americana (Organização dos Estados Americanos).

O pan-americanismo, no entanto, nunca chegou a institucionalizar a integração propriamente dita. Durante a vigência no Brasil da República Velha (1889-1930) e do paradigma oligárquico agroexportador liberal conservador foi mais um plano norte-americano de defesa de sua nascente industrialização, mantendo os países latino-americanos na condição de meros exportadores de matérias-primas. Em nenhum momento os EUA cogitaram apoiar, mediante ajuda técnica, facilitações creditícias ou suporte financeiro efetivo à industrialização da região localizada abaixo do rio Grande. As propostas defendidas pelo governo norte-americano durante as conferências pan-americanas visavam manter o descompasso Norte e Sul, desenvolvimento e atraso, produção industrial e especialização rural, com ênfase nas exportações do setor primário[2].

No plano sub-regional, resquícios das iniciativas hispano-americanistas do início do século XIX ressurgem no período no qual o Barão do Rio Branco chefiou o ministério das Relações Exteriores (1902-1912) e ensejou implementar um projeto de hegemonia compartilhada entre Argentina, Brasil e Chile, no chamado eixo simétrico, com vista a reduzir o clima belicoso

---

[1] MAGNOLI, D. ARAÚJO R. *Para entender o MERCOSUL*. São Paulo: Moderna, 1998.

[2] BUENO, C. *Política Externa da Primeira República – Os anos de apogeu de 1902 a 1918*. São Paulo: Paz e Terra, 2003.

que na região vigia entre esses países. Em 1915, durante a Primeira Guerra Mundial (1914-1918), de novo essas mesmas nações assinaram o Tratado para Facilitar a Solução Pacífica de Controvérsias Internacionais, também conhecido como Tratado ABC, letras iniciais dos países signatários. O objetivo era fortalecer a cooperação e as relações pacíficas e cordiais entre os países do Cone Sul, almejando tornar mais sólida a "confraternidade das Repúblicas Americanas".

Não foram, no entanto, estabelecidos compromissos de natureza militar de defesa ou ações ofensivas, se assim fossem exigidos. Segundo algumas interpretações, o Tratado ABC foi uma tentativa de evitar ações imperialistas norte-americanas e das potências europeias no Cone Sul, mas não visava a opor-se aos interesses estadunidenses, posto que manifestava a intenção de manter-se, em tempo de guerra, alinhado com a política de aproximação defendida por Washington.

Nesses termos, o Tratado ABC não buscou estabelecer uma hegemonia compartilhada ou coletiva regional à semelhança do que fora proposto pelo Barão do Rio Branco, enquanto esteve chefiando o Ministério das Relações Exteriores, na fase armamentista argentina da primeira década do século XX[3].

Após a Segunda Guerra Mundial (1939-1945), em 1949, na cidade de Havana Cuba, realizou-se a Conferência da Comissão Econômica para América Latina e Caribe (CEPAL), na qual foi empregada pela primeira vez a expressão "mercado regional" como uma opção viável ao desenvolvimento econômico do subcontinente (BEÇAK, 2000). A CEPAL é um organismo regional das Nações Unidas criado em 1948. Na conferência de Havana o economista argentino Raúl Prebisch propôs uma nova

---

[3.] CONDURU, Guilherme Frazão. *O subsistema americano, Rio Branco e o ABC.* Rev. Bras. Polít. Int. 41 (2): 59-82, 1998.

concepção de desenvolvimento aos governos da América Latina. Ela abrangeria uma política de substituição das importações, contraposta à proposta estadunidense de livre comércio. As tarifas alfandegárias para produtos industrializados seriam elevadas, induzindo o desenvolvimento dos parques industriais latino-americanos e, simultaneamente, a formação de processos de integração regional, que fomentaria uma economia de escala, moedas locais, cadeias produtivas interligadas e complementaridade econômica[4].

Para o cientista político Jacques Ginesta, a CEPAL tornou-se um organismo inspirador da integração latino-americana, a partir de um projeto desenvolvimentista da economia identificada com o paradigma da política externa da América Latina, nacional-desenvolvimentista (1930-1980), que desde a crise econômica da década de trinta do século XX se espalhou por todo o subcontinente. A formulação teórica à qual estava filiado Prebisch que consistia na versão heterodoxa desenvolvimentista do saber econômico concebia uma maior articulação entre políticas macroeconômicas dos países latino-americanos, visando transformar as economias agrárias em industriais. O planejamento conjunto materializado em fóruns, encontros, reuniões de trabalho a nível ministerial seria uma das primeiras etapas na busca do desenvolvimento da região, contribuindo para a criação alguns anos depois da Associação Latino-Americana de Livre Comércio (ALALC)[5].

Na esteira dessas considerações, como já mencionado anteriormente, percebe-se que se as iniciativas de integração política diplomática, estratégico-militar bolivarianas assumiram um

---

[4.] SANTOS, S. G. M. *A participação dos países em desenvolvimento no sistema multilateral de comércio – GATT/OMC – 1947/2001*. Tese de doutorado – Universidade de São Paulo, 2005.

[5.] GINESTA, J. *El MERCOSUR y su contexto regional e internacional*. Porto Alegre: Ed. UFRGS, 1999.

lugar de destaque no transcurso do processo de independência da América espanhola, foi somente no auge do contexto da Guerra Fria (1947-1991) que a integração econômica e, portanto, a substituição das importações, bem como a industrialização como variável dependente do desenvolvimento assumiram por parte dos principais governos latino-americanos um lugar de destaque.

Em 1960, os representantes da Argentina, Brasil, Chile, México, Paraguai, Peru e Uruguai identificados com as propostas desenvolvimentistas da CEPAL e o exemplo da formação do Mercado Comum Europeu, em 1957, a partir da Comunidade Europeia do Carvão e do Aço (CECA, em 1951) criada simultaneamente com a Comunidade Europeia da Energia Atômica (EURATOM, em 1957)[6], bem como reagindo, muito embora de forma acanhada contra a supremacia hegemônica exibida pelos Estados Unidos na região, se reúnem com o objetivo de criar a Associação Latino-Americana de Livre Comércio (ALALC).

O Tratado de Montevidéu que instituiu a ALALC priorizava a ampliação das economias dos países signatários, mediante uma crescente integração planejada de seus mercados, que garantiria uma inserção internacional mais autônoma. O acordo previa a criação de um mercado comum regional, à semelhança do europeu, num prazo de doze anos, precedido pela constituição de uma zona de livre comércio, o primeiro estágio de qualquer processo de integração conhecido até os nossos dias.

A ALALC tornava-se, sobretudo, a primeira tentativa real de integração articulada por um grande número de países latino-americanos e uma das precursoras do MERCOSUL, que contou mais tarde com a adesão dos países andinos, Colômbia, Equador, Venezuela e Bolívia. A ALALC passou a incluir, por isso mesmo,

---

[6.] DUROSELLE, J. B s. & KASPI, A. *História das relações internacionais de 1945 aos nossos dias*. Lisboa: Textos & Grafia, 2009.

quase toda a América do Sul e uma parte da América do Norte, em função da presença do México.

Ela estabeleceu como uma de suas principais premissas a proposta já formulada pela CEPAL em torno da substituição das importações através da industrialização dos países da América Latina e os princípios consagrados pela cláusula de Nação Mais Favorecida proposta pelo artigo I do Acordo Geral sobre Tarifas e Comércio, o GATT, em inglês, de 1947.

Conforme atesta Vera Thorstensen, em seu livro *Organização mundial do comércio: As regras do comércio internacional e a nova rodada de negociações multilaterais*, no âmbito das regras do GATT, o tratamento geral da cláusula de Nação Mais Favorecida, enunciada como regra para os acordos multilaterais, proibia a discriminação entre os países signatários, de forma que todo o benefício concedido a um dos integrantes devia ser estendido aos outros membros; tratando-se nesse caso de produtos similares[7].

A disparidade sob o ponto de vista de desenvolvimento regional, a falta de infraestrutura, de vias de comunicação e complementaridade, o protecionismo, o nacionalismo exacerbado, a Revolução Cubana de 1959, as ditaduras militares, a instabilidade política e por último a crise econômica vivida no subcontinente e no cenário internacional dos anos 70 do século passado, em virtude do aumento dos preços do petróleo, em 1973, tornaram-se obstáculos intransponíveis para que de fato a ALALC pudesse prosperar.

Para Magnoli e Araújo:

[7.] THORSTENSEN, V. *OMC – Organização Mundial do Comércio. As regras do comércio internacional e a nova rodada de negociações multilaterais*. São Paulo: Aduaneiras, 2001.

O Mercosul

"Os ambiciosos objetivos da ALALC, realçados pela vastidão dos espaços geográficos que recobria, chocaram-se desde o início com as desigualdades econômicas internas. As divergências entre os "três grandes" – Brasil, Argentina e México e os demais integrantes sabotaram as metas de integração. Ao mesmo tempo, ironicamente, a própria ênfase generalizada dos países latino-americanos nos mercados internos e nas políticas de substituição de importações limitou o potencial de crescimento do comércio na área da ALALC. Logo, a meta de constituição da zona de livre comércio foi adiada de 1973 para 1980. O novo prazo acabou por ser abandonado, junto com a própria associação"[8].

Como resultado do fracasso da ALALC, em 1980, um novo tratado reunindo os mesmos países foi elaborado em Montevidéu. A sua assinatura abolia a ALALC e criava a Associação Latino-Americana de Integração (ALADI).

A ela se seguiu a liberalização do comércio entre os onze países signatários, mas agora e nos quadros de mecanismos mais flexíveis. A principal e fundamental novidade foi a possibilidade de fechar acordos entre dois ou mais países da região favorecendo, assim, as iniciativas bilaterais e acordos sub-regionais.

Associação Latino-Americana de Integração (ALADI). Criação em 12 de agosto de 1980. Permite acordos bilaterais.

[8.] MAGNOLI, D. ARAÚJO R. *Para entender o MERCOSUL*. São Paulo: Moderna, 1998.

A ALALC só permitia acordos consensuais que fossem acordados por unanimidade, o bilateralismo era vetado, bem como tratados reunindo um conjunto de países que ocupassem uma determinada região no contexto da América Latina. Este novo espaço bilateral aberto às negociações permitido pela estrutura normativa da ALADI assegurou a assinatura de diversos acordos e foi um fator essencial a fim de que houvesse uma real aproximação entre Brasil e Argentina no âmbito dos ideais econômicos e estratégicos que deram origem ao MERCOSUL.

1.2 Brasil e Argentina se aproximam com a democratização

Os anos oitenta do século passado ficaram conhecidos no âmbito dos países da América Latina como o período da "década perdida". Esta designação corresponderia à percepção de que a região vivia uma fase de estagnação econômica, durante a qual ocorreu uma forte retração da produção industrial, baixo crescimento econômico, índices elevados de inflação e aumento expressivo da dívida externa. No transcurso dessa década a recessão resultou em pesados entraves a possíveis investimentos intrarregionais e bloqueou a meta proposta no contexto da ALADI de intensificação do comércio latino-americano.

Concomitantemente à crise econômica que atingia a inteira região, os anos 80 foram para o Brasil e a Argentina, sob o ponto de vista político, cruciais, posto que estes países puderam completar a transição dos regimes ditatoriais, aos quais estavam submetidos desde as décadas anteriores, para aqueles fundamentalmente democráticos.

Assim sendo, a década de oitenta reuniu a necessidade de crescimento econômico face ao recrudescimento da retração do comércio e o processo de redemocratização dos países que haviam passado pela tenebrosa experiência das ditaduras militares. Estas foram as duas precondições básicas que explicam a aproximação negociada entre o Brasil e a Argentina, dando início a uma série de acordos comerciais celebrados entre os dois países[9].

Além dos problemas internos latino-americanos desenvolvia--se no cenário internacional a intensificação dos fluxos financeiros, comerciais, produtivos e a crise da dívida externa, nos quadros de uma nova fase da acumulação capitalista que passou a ser apressadamente rotulada como globalização, apagando com isso a reconstituição histórica das etapas da expansão internacional do capital desde a colonização americana dos séculos XV e XVI, até a Era dos Impérios na segunda metade do XIX (1875-1914) e o pós Segunda Guerra Mundial (1945-1980), no bojo da Guerra Fria (1947-1991), no transcurso do qual ocorrem os milagres econômicos da década de 50, na Europa e, de 70 na América Latina, essencialmente, no Brasil.

Esta nova situação que coloca em xeque, no decorrer da década de oitenta, o paradigma nacional desenvolvimentista da política externa da América Latina e provoca a queda do muro de Berlim (em 1989), levou os países dessa região a repensar os métodos de inserção internacional.

Não é por outro motivo que no período mencionado ganhava amplitude a onda de regionalização, enquanto um dos mais evidentes efeitos da necessidade de reformulação do processo de reinserção internacional dos Estados-Nações. E, ao mesmo tempo,

---

[9.] Ibidem.

como bem salienta Marcelo Mariano Passini, adquire projeção o movimento de adesão a diversos regimes internacionais que conflui na criação na década seguinte da Organização Mundial do Comércio (OMC), em 1995[10].

Com a dissolução do bloco socialista no final da década de oitenta e começo da de noventa que suscitou uma nova configuração não somente da tessitura política, mas também econômica entrelaçada ao rápido desenvolvimento das tecnologias da comunicação e do transporte passou a ser fundamental colocar em prática novas formas de inserção em um mercado cada vez mais global e dominante submetido à hegemonia norte-americana e europeia.

A constituição de um bloco econômico comercial forte era alternativa viável a essa competição — face à formação da União Europeia (UE) em 1993, a Área de Livre Comércio da América do Norte (NAFTA), em 1992, a Associação das Nações do Sudeste Asiático (ASEAN), 1989 e, até mesmo a proposta norte-americana de criação de Área de Livre Comércio da América (ALCA), em 1994 —, uma vez que permitiria através da união das economias emergentes dos países do Cone Sul, uma inserção internacional mais segura e por isso menos vulnerável às oscilações do mercado. Buscava-se, mediante tal união, o fortalecimento econômico dos países do Cone Sul frente a outras iniciativas integracionistas e, ao mesmo tempo, procurava-se estimular a cooperação intrabloco.

A fim de que a iniciativa de integração entre Brasil e Argentina possa ser entendida, em toda a sua plenitude, além do fracasso da ALALC e a criação da ALADI, que como vimos permitia acordos bilaterais ou regionais, é preciso pensá-la como resultante de um longo processo histórico marcado pelo amadurecimento das relações bilaterais e pelo crescimento da confiança mútua. Assim

---

[10] HIRST, M. *The United States and Brazil.* Nova York: Routledge, 2005.

sendo, cabe analisar, ainda que brevemente, os acontecimentos mais relevantes que assinalaram a vida diplomática de ambos os países nos últimos vinte anos.

Leonel Itaissu Almeida de Mello configura o período recente das relações brasileiro-argentinas em três etapas sucessivas: competição, distensão e integração. Tal divisão cronológica permite uma maior elucidação da questão, posto que associa cada fase a um evento de notável importância como: O Tratado de Itaipu de 1973, o Acordo Tripartite de 1979 e, finalmente, a Ata de Integração de 1986[11].

Durante a vigência do período das ditaduras militares que se estende no Brasil de 1964 a 1985 e, grosso modo, de 1966 a 1983 na Argentina (com um interlúdio na década de 70, o governo Héctor Cámpora, 1973, a volta do exílio, eleição e morte de Juan Domingo Perón, 1973-1974 e a posse de sua mulher Maria Estela Martinez de Perón, 1974-1976, que provoca a instauração de um novo regime militar ditatorial), a animosidade e o clima de disputa, embora fossem governos com perfis muito semelhantes, permeava todas e quaisquer iniciativas perseguidas por estes países, que são os mais importantes e de maior expressão econômica não somente do Cone Sul, mas de toda a América do Sul.

Havia, ainda que de maneira um tanto quanto velada, uma competição evidente pela hegemonia de poder no Cone Sul e pela atenção dos Estados Unidos, aos quais se recorria em busca de linhas de crédito, financiamento e programas de ajuda técnico--científica à época da Guerra Fria, durante a vigência da divisão bipolar do poder mundial, enquanto persistiu no subcontinente a área de influência norte-americana e a ameaça do avanço do comunismo.

[11.] MELLO, L. I. A. *Argentina e Brasil; a balança de poder no Cone Sul.* São Paulo: Annablume, 1996.

Apesar de colaborarem em projetos comuns com outros países do Cone Sul de combate à subversão comunista, como a operação Condor (durante uma década, ela foi responsável pela tortura e assassinato de aproximadamente 30 mil pessoas, inclusive líderes civis sob a proteção da ONU), a visão notadamente geopolítica empregada pelos militares argentinos e brasileiros fazia com que ambas as nações se enxergassem como perigosos rivais e inimigos potenciais[12].

O ano de 1973 fortaleceu e, de certa forma, conferiu maior densidade ao conflito diplomático, com a decisão de Brasil e Paraguai de construírem a usina hidrelétrica binacional de Itaipu. A assinatura deste tratado representou uma considerável ameaça aos propósitos da Argentina, já que alterava significativamente o

Brasil e Argentina: o início do processo de integração do MERCOSUL.

aproveitamento dos recursos hídricos do rio Paraná e favorecia o controle dos meios fluviais pelo Brasil, que dessa forma poderia atingir com mais facilidade o status de potência regional.

Os argentinos questionavam os níveis da barragem do rio Paraná, que, segundo eles, prejudicaria a construção da hidrelétrica

---

[12] DINGES, J. *Os anos do Condor*. São Paulo: Companhia das Letras, 2005.

de Corpus que projetavam construir. Ademais, havia o temor de que em caso de uma guerra de forma proposital ou, por mero acaso, em função de algum acidente, se as comportas da usina de Itaipu permanecessem abertas as águas do rio Paraná acabariam inundando uma imensa porção do extremo norte argentino.

A convicção de que a tragédia ganharia contornos muito mais amplos era evidenciada nas falas de alguns chefes militares argentinos, que advertiam que, se Itaipu cedesse, os 40 km³ de água iriam descer até Buenos Aires e apagariam tudo. Nesses termos havia a convicção nas forças armadas da Argentina de que o Brasil nem precisaria de guerra para derrotá-las porque poderia inundar território argentino e com isso afogar os seus habitantes.

A contenda só foi solucionada em 19 de outubro de 1979, quando, depois de um longo período de negociação, os três países envolvidos — Brasil, Argentina e Paraguai — ratificaram o Acordo Tripartite Itaipu-Corpus, por meio do qual colocaram fim aos embates relativos à Bacia da Prata.

A partir desse momento, o relacionamento entre argentinos e brasileiros assumiu uma nova feição, passou-se a concentrar mais atenção em questões relacionadas aos aspectos de convergência e similitude em suas respectivas políticas externas, dentre os quais ganhava destaque a posição que ambos passaram a manifestar diante dos EUA.

À época, os militares mostravam-se cada vez mais hostis e descontentes com as atitudes de cunho político-econômico adotadas pelos representantes de Washington (no caso do Brasil em função da veemente oposição patenteada pelo governo do presidente Jimmy Carter ao Acordo Nuclear Brasil-Alemanha e, por outro, a defesa norte-americana à política de direitos humanos, que o meio militar brasileiro repudiava, uma vez que era percebida como ingerência externa na soberania do país).

O setor militar sediado no governo brasileiro procurou durante o governo Ernesto Geisel (1974-1978) uma maior autonomia em relação à potência hegemônica no continente, chegando o Brasil, inclusive, a adotar uma política externa ecumênica, universalista, pragmática, despojada, portanto, de alinhamentos ideológicos automáticos e discriminatórios que, no entanto, era responsável, posto que reconhecia pertencer ao bloco ocidental capitalista.

A aproximação entre as duas nações mais importantes da região, as reais protagonistas do Cone Sul, tanto no que se refere à extensão territorial, quanto no que concerne às dimensões das respectivas economias, a partir dos governos de João Batista Figueiredo e Jorge Rafael Videla, deu-se de maneira crescente e satisfatória. O Brasil apoiou efetivamente o vizinho em sua reivindicação em torno da anexação das Malvinas, embora discordasse da ação armada enquanto meio de resolução do litígio com o Reino Unido. O embargo comercial imposto à Argentina por alguns países europeus e pelos Estados Unidos em virtude do conflito foi aliviado em grande parte pela decisão brasileira de auxiliar o escoamento de sua produção agropecuária pelos portos de Santos, Paranaguá e Rio Grande. Tal operação de reexportação não correspondia aos interesses imediatos do Itamaraty, mas permitia a construção da confiança necessária para uma ulterior integração da Argentina ao espaço econômico brasileiro.

Nas palavras de Luiz Alberto Moniz Bandeira:

> [...] atritada com os Estados Unidos e a Comunidade Econômica Europeia, a Argentina, em tais circunstâncias, não tinha alternativa, dentro do sistema capitalista, se não associar-se ao Brasil, pois já não mais se encontrava em condições de competir econômica e politicamente pela liderança da América

do Sul. E, com a restauração do regime democrático-representativo e a instalação de governos civis, os entendimentos entre os dois países, a partir de 1985, alcançaram uma dimensão cooperativa sem precedentes [...][13].

O estreitamento de relações entre Brasil e Argentina, motivado pelos avanços democráticos a partir da primeira metade da década de oitenta do século passado — lentos e graduais, porém, valiosos — deu-se principalmente no campo da economia, o que de fato era também uma alternativa encontrada para poder resistir aos percalços advindos da recessão daqueles anos.

Para Leonel Itaussu Almeida Mello,

> [...] existe um amplo consenso de que a variável econômica, embora não seja a única existente, é indubitavelmente o pólo dinamizador determinante do projeto de integração bilateral. Para comprovar essa afirmação bastaria examinar os 17 protocolos assinados em 1986, nove dos quais contemplam temas econômicos [...][14].

Em 1985 os presidentes do Brasil e Argentina, respectivamente José Sarney e Raul Alfonsín, assinaram a Declaração de Iguaçu, iniciando um processo gradual para a formação de um mercado comum entre os dois países num prazo de dez anos, conforme foi estabelecido pelo Tratado de Integração, Cooperação e

---

[13]. BANDEIRA, L. A. M. *Brasil, Argentina e Estados Unidos – Conflito e integração na América do Sul (Da Tríplice Aliança ao MERCOSUL)*. Rio de Janeiro: Revan, 2003, p. 271

[14]. MELLO, L. I. A. *Argentina e Brasil; a balança de poder no Cone Sul*. São Paulo: Annablume, 1996, p. 232-233.

Desenvolvimento celebrado em novembro de 1988. Esta Declaração se tornou o marco inicial do processo de integração sub-regional, que nos anos 90 veio a se consubstanciar no MERCOSUL.

O acordo bilateral representava, segundo seus signatários, uma reafirmação das economias dos dois países frente aos desafios do cenário internacional. Esta aproximação permitiria, no entender deles, avanços significativos na confiança bilateral e maior interação entre Brasil e Argentina em diversas áreas, como o estabelecimento de bases de cooperação no desenvolvimento de energia nuclear para fins pacíficos.

Destaca-se o fato de que em torno da efetivação dessa iniciativa havia muito mais a vontade dos presidentes do que qualquer outro motivo para que ela fosse mantida ao longo de todo o processo[15].

Em julho de 1986, em Buenos Aires, foi firmada a ata de Integração Argentino-Brasileira que instituiu o Programa de Integração e Cooperação Econômica (PICE). O objetivo do programa era propiciar um espaço econômico comum, com abertura seletiva dos respectivos mercados e o estímulo à complementação de setores específicos da economia brasileira e argentina. Ele visava modernização e desenvolvimento econômico através do adensamento das relações comerciais, o desenvolvimento tecnológico e uma maior integração de setores produtivos específicos como energia, o setor triticultor e a biotecnologia.

A intensificação nas relações comerciais impulsionou a assinatura do Tratado de Integração, Cooperação e Desenvolvimento, em 29 de novembro de 1988, visando a criação de uma área econômica comum num prazo de dez anos. Durante

---

[15] MARIANO, M. P. *A política externa brasileira, o Itamaraty e o MERCOSUL*. Tese de doutorado – Faculdade de Ciência e Letras da UNESP, Araraquara, 2007.

este lapso temporal seria intensificada a abolição de barreiras tarifárias e não tarifárias e articulada a coordenação de políticas macroeconômicas.

Em julho de 1990, já com novos governantes à frente do governo brasileiro e argentino, Fernando Collor de Mello e Carlos Saul Menem, foi firmada a Ata de Buenos Aires, antecipando a criação do Mercado Comum, que havia sido fixada, anteriormente, para somente 31 de dezembro de 1994. Em dezembro do mesmo ano, foi assinado o Acordo de Complementação Econômica (ACE-14) que unia todos os protocolos bilaterais selados anteriormente, no âmbito do PICE que normatizava as regras para o estabelecimento do estágio que sucede uma área de Livre Comércio (na qual há a livre circulação de pessoas e capitais, bem como dos fatores produtivos) e a União Aduaneira, o denominado Mercado Comum.

Tal iniciativa despertou o interesse do Paraguai e Uruguai a se juntarem a este projeto de integração e desenvolvimento econômico em andamento[16]. E estes países foram admitidos em agosto do mesmo ano, apressadamente, sem nenhum preparo ou ajuste prévio, a fim de que mediante a integração econômica dos países do Cone Sul, estes estivessem em condições de fazer frente ao projeto norte-americano de criação de uma Área de Livre Comércio (ALCA), bem como em virtude da orientação neoliberal dos novos presidentes Menem e Collor de Mello.

[16.] MAGNOLI, D. ARAÚJO R. *Para entender o MERCOSUL*. São Paulo: Moderna, 1998.

1.3 O Tratado de Assunção e o Protocolo de Ouro Preto do MERCOSUL

No dia 26 de março de 1991, os governos dos quatro países do Cone Sul do continente americano, Argentina, Brasil, Paraguai e Uruguai, considerando a necessidade de ampliar suas economias em prol do desenvolvimento econômico e social e o estreitamento das relações entre seus povos, a fim de incrementar uma integração internacional mais autônoma e menos vulnerável às oscilações do mercado externo, celebram a assinatura do Tratado de Assunção. Esta iniciativa visava a constituição de um Mercado Comum, em linhas gerais semelhante ao Mercado Comum Europeu (criado, como já foi mencionado, em 1957), mas sua realização definitiva só se daria de fato em 31 de dezembro de 1994. O Mercado do Cone Sul — MERCOSUL, como passou a ser denominado — assumiria as seguintes características:

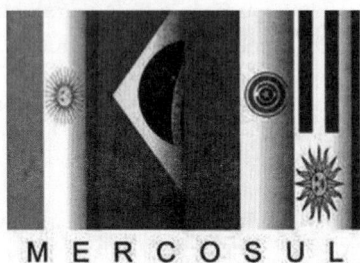

MERCOSUL - A união inicial a partir da década de 1990 de Argentina, Brasil, Paraguai e Uruguai.

O Mercosul

- Livre circulação de bens, serviços e fatores produtivos mediante a eliminação das barreiras tarifárias ou de qualquer outra de efeito equivalente como as fitossanitárias e sanitárias e acusações de prática de *dumping*;
- A implementação de uma política comercial comum em relação a terceiros Estados, através da criação de uma Tarifa Externa Comum (TEC);
- A coordenação de políticas macroeconômicas objetivando harmonizar as relações comerciais entre os Estados membros no âmbito dos setores agrícola, industrial, fiscal, monetário, cambial, de capitais e comércio exterior entre outros;
- O compromisso dos Estados membros com a busca da harmonização de suas legislações nas áreas pertinentes, visando o fortalecimento do processo de integração.

O Tratado estabeleceu um período de transição, iniciado desde a sua entrada em vigor até 31 de dezembro de 1994. Ademais, a fim de facilitar a constituição do Mercado Comum, os Estados-Parte adotaram um Regime Geral de Origem (os chamados certificados de origem que estabeleceriam se uma determinada mercadoria foi produzida de fato pelos países membros do MERCOSUL), um Sistema de Solução de Controvérsias e Cláusulas de Salvaguarda.

Os principais instrumentos para constituição do Mercado Comum podem ser assim listados:

- A criação de um programa de liberalização comercial que consistiria em reduções tarifárias progressivas, lineares e automáticas, juntamente com a eliminação de barreiras não tarifárias ou equivalentes, cuja meta seria atingir até 31 de dezembro de 1994 a tarifa zero e a eliminação de barreiras não tarifárias;
- A coordenação de políticas macroeconômicas de forma gradual e convergente com os programas de desagravo tarifário e

eliminação das restrições não tarifárias, já indicadas anteriormente;
• Uma política comercial com o intuito de incentivar a competitividade externa dos Estados no contexto da adesão à Tarifa Externa Comum (TEC);
• A adoção de acordos setoriais, a fim de facilitar a mobilidade dos fatores de produção, que permitissem, por outro lado, alcançar escalas operativas eficientes. (MERCOSUL – Tratado de Assunção).

Em dezembro de 1994, os governos do Brasil, Argentina, Uruguai e Paraguai assinaram o Protocolo de Ouro Preto que desenhou a estrutura institucional do MERCOSUL e o dotou de uma personalidade jurídica internacional. Com isso, conclui-se o período de transição e o MERCOSUL ganha as características fundamentais de uma União Aduaneira.

A estrutura institucional do MERCOSUL passa a incorporar os seguintes órgãos:

I. O Conselho do Mercado Comum (CMC);
II. O Grupo Mercado Comum (GMC);
III. A Comissão de Comércio do MERCOSUL (CCM);
IV. A Comissão Parlamentar Conjunta (CPC);
V. O Foro Consultivo Econômico-Social (FCES);
VI. A Secretaria Administrativa do MERCOSUL (SAM) (MERCOSUL Protocolo de Ouro Preto).

Em 1º de janeiro de 1995, foi adotada a Tarifa Externa Comum (TEC) pautada na Nomenclatura Comum do MERCOSUL (NCM). Nessa mesma ocasião, visando a criação de mecanismos de ajuste, foram elaboradas as Listas de Exceções que posteriormente converteram-se em níveis da TEC.

Outros Protocolos que vieram a ser firmados:
• Protocolo de Brasília, concernente a implantação do Sistema de Solução de Controvérsias;
• Protocolo de Olivos (Argentina), que desenvolve

alterações específicas no Sistema de Soluções de Controvérsias, buscando o aprimoramento deste;

• Protocolo de Ushuaia (Argentina), sobre a ratificação do compromisso com a democracia, a denominada cláusula pétrea do sistema político institucional, instaurado à época da redemocratização do Cone Sul, no transcurso do processo de integração desta região, que estabelece a suspensão ou o sumário afastamento dos países membros que abandonam o Estado de Direito democrático, bem como o Protocolo de Adesão que inclui a Bolívia e o Chile enquanto membros associados do MERCOSUL;

• Protocolo de Adesão da República Bolivariana da Venezuela ao MERCOSUL como membro permanente;

• Protocolo Constitutivo do Parlamento do MERCOSUL (MERCOSUL Tratados e Protocolos).

1.4 Aspectos centrais do MERCOSUL

O MERCOSUL integra uma população de 220 milhões de pessoas, movimentando um PIB de US$ 1.250 trilhões, o que gera exportações no total de US$ 85 bilhões e importações no valor de US$ 95 bilhões[17].

A estrutura formal do MERCOSUL conta com as seguintes instituições: Conselho do Mercado Comum (CMC), Grupo do Mercado Comum (GMC), Comissão de Comércio do MERCOSUL (CCM), Comissão Parlamentar Conjunta (CPC), Fórum Consultivo

---

[17.] Disponível em www.camara.gov.br/mercosul/blocos/MERC. Acesso em 15 de agosto de 2014.

Econômico e Social (FCES), Parlamento do MERCOSUL (Parlasul), Tribunal Permanente de Revisão (TPR), Órgãos auxiliares e instituições correlatas, Comissão Sócio Laboral do MERCOSUL (CSLM), Comissões Nacionais (CN), SG10, Instituto Social do MERCOSUL (ISM) e Secretaria Administrativa, com sede em Montevidéu, que cumpre com as tarefas e apoio administrativo, operativo e informativo junto ao CMC e o GMC.

Estas duas últimas são instituições que possuem um caráter deliberativo, responsáveis pela condução política e pelo processo de tomada de decisões e, portanto, dotadas de maior poder, buscam assegurar o cumprimento dos objetivos e prazos estabelecidos para a Constituição do Mercado Comum.

O CMC é o órgão superior instituído pelo Tratado de Assunção e composto pelos ministros das Relações Exteriores e da Economia dos Estados-Parte, representa hierarquicamente o grupo superior do bloco.

O GMC é o órgão executivo do Mercado Comum, tem como integrantes membros dos ministérios das Relações Exteriores, da Economia (ou seus equivalentes) e dos Bancos Centrais dos quatro países membros iniciais do bloco, mais, hoje em dia, a Venezuela. Sua coordenação fica a cargo dos ministérios das Relações Exteriores. Ele tem a incumbência de viabilizar uma série de medidas envolvendo assuntos administrativos, além de coordenar políticas macroeconômicas e setoriais. O GMC assume o encargo, ainda, da tomada de providências no âmbito do cumprimento das decisões adotadas pelo Conselho e dos dispositivos gerais para o andamento do processo de integração, no que concerne à viabilização de medidas objetivando liberalizações tarifárias, não tarifárias e a coordenação de políticas macroeconômicas.

O GMC pode constituir subgrupos de trabalho cuja incumbência seria ajudar no cumprimento de seus objetivos. Para tanto, ao propor e elaborar medidas, pode convocar representantes de outros órgãos da administração pública e do setor privado para a consulta (ARTIGOS 9, 10,11, 12, 13 e 14 do Tratado de Assunção).

Os integrantes do CMC, GMC e da Secretaria Administrativa, como vimos, provêm exclusivamente dos ministérios ou dos bancos centrais, e são funcionários que continuam pertencendo às suas respectivas organizações, cujo número não ultrapassa trezentos.

Todo e qualquer projeto para ser de fato colocado em prática depende do CMC e do GMC, assim sendo, as outras instituições possuem apenas um caráter consultivo, enquanto esses, como já foi mencionado acima, deliberativo. Nesses termos, a estrutura executiva do Bloco é essencialmente composta por ministros e os demais representantes nomeados pelos presidentes dos países membros.

Desde a assinatura do Tratado de Assunção, em 26 de março de 1991, os Estados-Parte, Argentina, Brasil, Paraguai e Uruguai, se convenceram que a ampliação de seus mercados por meio da integração era condição fundamental para o desenvolvimento econômico associado à justiça social. Destarte, os objetivos centrais deste Tratado são: "a livre circulação de bens, serviços e fatores produtivos entre os países membros, a eliminação dos direitos alfandegários e das restrições não tarifárias à circulação de mercadorias"; ou seja, a configuração de uma Zona de Livre Comércio como primeiro estágio, para então a partir daí alcançar a seguinte União Aduaneira e, por fim, o Mercado Comum (artigo 1º do Tratado de Assunção).

As tarefas iniciais do Tratado concentravam-se na eliminação de barreiras tarifárias e não tarifárias no comércio intrazonal, na identificação das assimetrias setoriais e institucionais, que travam a fluidez no intercâmbio, na harmonização das regras legais e administrativas, sem as quais não há liberdade do comércio e na adoção de regulamentos comuns que facilitariam a edificação da União Aduaneira, paradoxalmente, fase superada, em dezembro de 1994, com a instituição do Mercado Comum[18].

Para tanto, os membros signatários do Tratado reconheciam que essas tarefas só seriam efetivamente implantadas mediante uma série de diretrizes bem delineadas em projetos como o Programa de Liberalização Comercial, que estabelecia reduções tarifárias e não tarifárias progressivas, lineares e automáticas; a coordenação de políticas macroeconômicas, desenvolvida gradualmente e de maneira convergente com o programa de reduções tarifárias e não tarifárias; a adoção de uma tarifa externa comum (TEC) para incentivar a competitividade externa dos membros do bloco; e o acolhimento de acordos setoriais para otimizar a utilização de fatores de produção (artigo 4 do Tratado de Assunção),

Os países signatários, além dos problemas internos que os afligiam, como endividamento externo, o aumento contínuo das taxas de inflação e a ausência de investimentos, se defrontavam ainda com a tarefa de desenhar um processo integracionista atravessado de profundas assimetrias econômicas, que impossibilitavam o cumprimento das metas de ajustes internos num mesmo ritmo e harmonia, em tão curto espaço de tempo[19].

Nesse contexto específico, a estrutura institucional do bloco passou por um ajuste, tornando-se mais complexa tanto em suas funções como na composição dos seus membros para atender às exigências de aprofundamento da integração quadripartite.

A administração e a execução passaram a ser regulamentas

---

[18] GARNELO, Vicente. *El Debate sobre el modelo de integración de la ALADI y su evolución*. Primer Premio Concurso de Ensayos sobre integración regional ALADI 2010, Montevidéu, junho, 2011.

[19] ALMEIDA, P. R de. *MERCOSUL: fundamentos e perspectivas*. São Paulo: LTr, 1998.

pelo Tratado que abrigou Acordos, Protocolos e Decisões instituídos pelo Conselho do Mercado Comum (CMC) e pelo Grupo de Mercado Comum (GMC) (artigo 9 do Tratado de Assunção).

A dimensão social, por seu lado, saiu fortalecida no âmbito do projeto associativo dos países do Cone Sul, mediante a criação do Instituto Social do MERCOSUL (ISM), cujo objetivo essencial foi fortalecer o processo de integração e a promoção do desenvolvimento humano. Entre outros objetivos, o ISM passou a colaborar com a formulação de políticas de consolidação da dimensão social, enquanto meio essencial para superação das assimetrias, sistematizando e atualizando indicadores sociais dos membros do bloco. Além dessa atribuição, ele passou a ter a incumbência de promover os mecanismos de cooperação horizontal e a identificação de fontes de financiamento.

Assim sendo, o desafio de diminuir as assimetrias entre os países integrados ao MERCOSUL assume uma importância central. Desde 2006 este objetivo foi reconhecido como prioritário pelos países membros desse processo de integração. E em função desse enfoque, os membros signatários criaram o Fundo para Convergência Estrutural do MERCOSUL, o FOCEM, com vista a financiar programas que apoiem a convergência estrutural e a promovam da coesão social das economias menores, bem como das regiões menos desenvolvidas. O FOCEM, ademais, tem a tarefa de estimular a competitividade e o fortalecimento da estrutura institucional do MERCOSUL, por meio do aprofundamento do processo de integração.

Ele foi criado a partir das contribuições que totalizaram a quantia de cem milhões de dólares anuais disponibilizada pelos membros do bloco. A participação dos países integrantes do MERCOSUL nesse montante pautou-se pelo critério da pujança econômica de cada um deles. Assim sendo, o Paraguai destina 1% ao FOCEM, o Uruguai 2%, a Argentina 27% e o Brasil 70%.

Os recursos são destinados de forma inversamente proporcional às contribuições, ficando o Paraguai com 48%, o Uruguai com 32%, a Argentina e o Brasil com 10%. A fim de viabilizar seu melhor desempenho elaborou-se uma série de propostas como: 1) Programa de Convergência Estrutural; 2) Programa de Coesão Social; 4) Programa de Fortalecimento da Estrutura Institucional e do processo de Integração.

Com o objetivo de inserção internacional dos Estados localizados no Cone Sul e da Venezuela, que desde 2012 ampliou ainda mais a integração regional do subcontinente, o MERCOSUL incentiva os países integrantes da ALADI a se tornarem membros associados. Contudo, impõe aos interessados a adesão ao protocolo de Ushuaia que dispõe sobre o Compromisso Democrático dos participantes do bloco. Os membros aprovados na condição de associados poderão atuar enquanto convidados das reuniões dos órgãos que integram a estrutura institucional do MERCOSUL. Atualmente os Estados associados são: Bolívia, Chile, Equador e Colômbia.

Edifício sede do MERCOSUL em Montevidéu – Uruguai.

Quanto às conquistas das centrais sindicais no contexto do Cone Sul, a Declaração Sociolaboral, que conflui na formação da Comissão Sócio Laboral do MERCOSUL (CSLM) foi aprovada em 15/1999 do Grupo do Mercado Comum (GMC). Ela é um órgão auxiliar do GMC com uma composição tripartite (um representante do governo, um do setor dos empregados e um dos empregadores), que examina questões laborais do MERCOSUL. A CSLM recebe o auxílio de órgãos de composição tripartite como as Comissões Nacionais (CN), criadas pela Res. 85/00.

O documento que a constituiu satisfaz muitas demandas das organizações sindicais, mas, também, dos movimentos sociais da região, como a não discriminação, a promoção da igualdade de gênero, no que respeita não apenas ao salário, a ajuda aos trabalhadores imigrantes e fronteiriços e a busca da eliminação do trabalho forçado e infantil, entre outras questões relacionadas ao mundo do trabalho.

Ela advoga que tais direitos não possuem apenas uma dimensão regional, mas universal e não deveriam estar atrelados somente às leis de seus respectivos países, mas serem respeitados em todos os Estados membros do MERCOSUL.

Assim sendo, uma legislação trabalhista única passou a ser apoiada pelas centrais sindicais. No entender delas, ela poderia promover uma maior integração de aspectos vinculados à esfera do trabalho e, por outro, facilitaria a situação da imigração intrabloco. O grande problema é que tal objetivo encontra muita dificuldade de ser posto em prática em função das restrições que acompanham a noção de soberania dos Estados, uma vez que os governos dos países membros julgam que institucionalizar, harmonizar ou, ainda, melhorar uma legislação trabalhista comum, no âmbito do bloco, poderia implodir a própria definição de Estado soberano aceita e defendida por cada um deles.

A CSLM, como articuladora das centrais sindicais dos países do Cone Sul, conquistou, apesar disso, um espaço de participação importante no MERCOSUL, levando a discussão dos temas de caráter trabalhista às instâncias institucionais do bloco. A sua atuação nos últimos tempos foi facilitada, uma vez que a maioria das centrais sindicais que integram o CCSCS tem relações de proximidade com seus respectivos governos. No entanto, a bibliografia sobre esta temática reconhece que tal desempenho sindical não resultou em avanços concretos no MERCOSUL.

Tullo Vigevani[20] assevera sobre esta questão que:

> "[...] da forma como se encontram organizados hoje, os sindicatos não têm condições de interferir, com capacidade real de interlocução e legitimidade de representação, em um processo tão complexo como a abertura da economia, com a liberalização e a globalização [...]".

No que respeita à atuação do empresariado e dos trabalhadores nas instâncias consultivas do MERCOSUL, tais canais de participação foram criados mediante o Protocolo de Ouro Preto, firmado em 17/12/1994 e homologado pelo Grupo do Mercado Comum (GMC), com base na Resolução nº. 68/96, o Fórum Consultivo Econômico-Social (FCES). Este órgão de representação dos setores econômicos e sociais — as confederações, federações e as centrais dos trabalhadores do empresariado e organizações não governamentais — dos Estados-Parte do bloco está incluído na estrutura institucional do MERCOSUL.

O FCES é composto pelas respectivas Seções Nacionais de cada Estado-Parte do MERCOSUL e sua estrutura institucional

---

[20.] VIGEVANI, T. *MERCOSUL – Impactos para trabalhadores e sindicatos*. São Paulo: LTr, 1998.

abrange o plenário do Fórum, que reúne nove delegados titulares e seus respectivos suplentes. Cada Seção Nacional tem autonomia para elaborar sua própria estrutura no plenário do Fórum, devendo observar a paridade na indicação dos delegados das Organizações dos trabalhadores e do empresariado.

A coordenação administrativa do Plenário é exercida por uma Seção Nacional pelo período de seis meses, em sistema de rodízio. O plenário do Fórum se reúne, ordinariamente, no mínimo uma vez por semestre e, extraordinariamente, quando necessário. Participam do FCES a Comissão Temática II emprego, migrações, qualificação e formação profissional; o Subgrupo de Trabalho do MERCOSUL SGT, relações trabalhistas, emprego e seguridade social; o Subgrupo de Trabalho 13 MERCOSUL, SGT Comércio Eletrônico, grupo de alto nível para a estratégia de estímulo a oferta de trabalho e, por fim, a Comissão Temática de Relações Trabalhistas.

As organizações empresariais e sindicais somente tiveram acesso aos órgãos de trabalho que são os subgrupos de trabalho (SGTs). É nestes subgrupos que se efetua toda tarefa técnica relacionada ao processo de negociação do bloco. Cada um dos SGTs avalia: 1) comunicações; 2) aspectos institucionais; 3) regulamentos técnicos e avaliação de conformidade; 4) assuntos financeiros; 5) transportes; 6) meio ambiente; 7) política industrial e tecnológica; 8) política agrária; 9) política energética e mineração; 10) assuntos trabalhistas, emprego e seguridade social; 11) saúde; 12) investimentos; 13) comércio eletrônico; 14) acompanhamento da conjuntura econômica e comercial. Eles se reúnem trimestralmente, com mudanças rotativas dos locais das reuniões combinadas entre os países.

Os SGTs assumiram o encargo de analisar e comparar os diferentes sistemas nacionais e elaborar propostas para harmonizar e fazer convergir as assimetrias mais relevantes. Eles têm como função essencial cuidar de questões específicas de cada setor e fazer recomendações ao GMC. A ratificação do GMC e do CMC não seria necessária, porém, é provável, em casos em que estas propostas adquiram um caráter obrigatório. Nos citados subgrupos, o setor privado era:

> "entendido como aquele que tem interesse direto em qualquer uma das etapas do processo de produção, distribuição e consumo, e sua participação se dava durante a etapa preparatória da tomada de decisões do subgrupo[21]".

Os subgrupos só poderiam solicitar a participação privada na formulação das preparações das recomendações e não do processo de tomada de decisões, pois a execução desta tarefa é apanágio exclusivo dos representantes de cada Estado-Parte, no âmbito do GMC ou do CMC. Assim sendo, o setor privado pode participar das negociações nos subgrupos, mas estes não possuem poder decisório.

Como se nota, não foi criado, inicialmente, um subgrupo orientado para questões sociais, ficando latente que este não teria representação alguma no processo de integração, mesmo sofrendo diretamente suas consequências. Isto acabou provocando por parte dos movimentos sociais:

> "[...] uma atitude reativa com relação à integração, ou seja, a mobilização se deu em virtude do possível efeito negativo que a integração poderia surtir [...]"[22].

---

[21] MARIANO, M. P. *A estrutura institucional do MERCOSUL*. São Paulo: Aduaneiras, 2000.

[22] Ibidem.

Logo após a constituição do MERCOSUL, a incidência de aspectos sociais remetidos ao mundo do trabalho ganhou destaque, no âmbito do processo de integração graças à mobilização das centrais sindicais e do Ministério do Trabalho dos países membros resultando na formação do Subgrupo de Trabalho Relações Trabalhistas, Emprego e Seguridade Social (SGT 10).

Este Subgrupo trata da delicada questão laboral do MERCOSUL, como a livre circulação de pessoas, um aspecto central na constituição de uma Área de Livre Comércio relegado, no entanto, a um segundo plano em decorrência da argumentação da falta de maturidade do processo de integração em curso. O MERCOSUL não estaria suficientemente estruturado e, portanto, maduro para incorporar o deslocamento de trabalhadores e a concorrência salarial que esta medida liberalizante geraria, fundamentalmente em função das grandes diferenças de disponibilidade e preço da mão de obra.

O SGT 10 conta com a participação de representantes da sociedade, como as centrais sindicais, na emissão de suas recomendações ao GMC. É administrado pelo GMC e tem, como os outros subgrupos, caráter meramente consultivo. Porém, de certo modo possibilitou que alguns temas de ordem social pudessem ser discutidos no contexto oficial do MERCOSUL significando, assim, um grande avanço nessa agenda.

Outro órgão que contempla a participação da sociedade civil e teoricamente das demandas sociais é a Comissão Parlamentar Conjunta (CPC). Criada ainda nas negociações iniciais bilaterais entre Argentina e Brasil, a CPC tem caráter consultivo e é formada pelos representantes dos legislativos dos Estados-Parte. Sua pouca relevância deve-se ao baixo interesse que seus membros manifestam em discutir temas relacionados ao bloco, preferindo concentrar suas atenções em assuntos internos de cada país membro.

Em função dessa situação descartou-se a possibilidade de uma abordagem mais profunda e mais ampla em âmbito dos mecanismos de integração, mesmo porque suas recomendações encontram muitas dificuldades para serem encaminhadas às instâncias políticas superiores do MERCOSUL. Com isso a participação social no processo de integração acaba restringida, uma vez que os membros da CPC, sendo referendados pelos eleitores de cada Estado, representariam apenas os interesses locais. Eles não fariam a ligação entre sociedade nacional e o processo de integração, limitando suas funções apenas às escassas, estéreis e superficiais consultas remetidas à dimensão endógena de cada membro do bloco[23].

Assim, a CPC não consegue deslocar o debate a respeito dos assuntos da integração do âmbito social nacional, pois estes assumiriam para ela apenas um caráter secundário em virtude de sua pouca familiaridade com os mecanismos institucionais do MERCOSUL e do tradicional desinteresse dos parlamentares pelos assuntos externos[24].

O Tratado de Assunção, por outro lado, como já foi mencionado, embora previsse a criação de apenas dez subgrupos de trabalho (SGT), por iniciativa das centrais brasileiras se constituiu um décimo primeiro SGT, em março de 1992, que trataria de temas inerentes às relações trabalhistas, emprego e previdência social. Ainda que o setor privado também pudesse participar de outros subgrupos, ele só teve direito, durante a década de noventa, de atuar ativamente em consultas apresentando propostas no subgrupo onze. Pode, também, ter voz ativa no subgrupo sete, política industrial e tecnológica, no oito, sobre política agrária e,

---

[23] MARIANO, M. P. *A estrutura institucional do MERCOSUL*. São Paulo: Aduaneiras, 2000.

[24] Ibidem.

de forma menos contínua, nos SGTs cinco e seis, transporte, e nove, vinculado à política energética.

Assim sendo, o setor privado participou dos SGTs, que tomaram as decisões mais importantes e dos SGTs um e dois que trataram de temas comerciais e aduaneiros.

O interesse do empresariado pelo processo de integração foi despertado quando surgiu a possibilidade de desenhar ativamente os acordos setoriais. Estes já previstos naqueles argentinos brasileiros de integração de 1990 (Ata de Buenos Aires) consentiam às organizações empresariais o estreitamento de laços, bem como lhes permitiam definir uma data especifica para a suspensão das barreiras e das listas de exceções.

Em outras palavras, percebeu-se que os acordos setoriais poderiam acelerar a integração regional. O regulamento definido em 1991 previa que as propostas deviam surgir das organizações setoriais dos empresários. Nesse sentido temas do SGT sete (política industrial e tecnológica) deviam ser examinados e as resoluções que fossem aprovadas, poderiam ser encaminhadas ao CMC e ao GMC. No caso em que as propostas empresariais contivessem regulações concernentes às quotas de importação, tarifas aduaneiras, normas técnicas ou cláusulas de origem, o consentimento do CMC era necessário, mormente porque envolveriam a soberania nacional[25].

No âmbito do movimento sindical, o FCES permitiu, que as entidades classicistas dos trabalhadores examinassem aspectos centrais da atividade econômico-social remetidos a todos os setores da atividade produtiva dos países que integram o MERCOSUL.

Os grupos e subgrupos de trabalho assumiram a tarefa de avaliar a configuração específica dos acordos de trabalho

---

[25]. KLEIN, Naomi. *Sem logo: a tirania das marcas em um planeta vendido.* Rio de Janeiro: Record, 2000.

no que respeita a precarização, flexibilização, contratos por tempo determinado e indeterminado, assim como o processo de terceirização das atividades produtivas.

Por outro lado, coube a eles se debruçar sobre os temas da harmonização da legislação trabalhista, segurança, previsão de acidentes, saúde do trabalhador e a exclusão nos locais de trabalho de substâncias comprovadamente tóxicas, em todos os Estados-Parte.

Mas não parou aí. Foram eles que passaram a debater temas como a seguridade social e aposentadorias (um exemplo específico sobre este item seria a contagem de tempo em casos nos quais um trabalhador desempenhasse atividades funcionais em mais de um país membro). E foram intensivamente abordadas as questões relacionadas ao gênero, migrações, programas de incentivo ao emprego, qualificação e requalificação do trabalhador, escolas profissionalizantes, agências de recolocação do agente produtivo em funções condizentes com sua formação e habilidades. No exercício do exame da condição social do trabalhador, são os grupos e subgrupos do FCES que propõem a abertura de creches nos locais de trabalho, a adequação entre os países do MERCOSUL das normas estabelecidas pela Organização Internacional do Trabalho (OIT) e o apoio em torno da cláusula social na Organização Mundial do Comércio (OMC). Em periódicos, boletins e publicações setoriais, defendem implementação de reformas do Banco Mundial (BIRD) e do Fundo Monetário Internacional (FMI), bem como o apoio ao aumento da participação dos trabalhadores em suas instâncias decisórias, por meio das entidades classistas sediadas nos países participantes do processo integracionista do Cone Sul e que, por fim, exigem uma real responsabilidade social por parte do empresariado (CEDEM, 2008-2011).

No entanto, a propósito do FCES, Maria Silvia Portela de

Castro[26], em sua fala, publicada no livro *2003-2010 – O Brasil em transformação, a Nova Política Externa*, reconhece que:

> "no MERCOSUL nós temos o Fórum Consultivo Econômico e Social, mesmo com debilidades e limitações é um fórum instituído que poderia desempenhar um papel maior do ponto de vista da repercussão dos interesses da sociedade, de forma organizada, o fórum tem acesso a uma série de negociações etc. No entanto, este papel vem se diluindo cada vez mais, o fórum hoje é um instrumento bastante esvaziado. Por quê? Em primeiro lugar porque acredito que há pouco interesse das entidades em utilizá-lo como um instrumento de pressão e negociação com os governos. Assembléias de massas e milhões são importantes quando se está fazendo pressão para conseguir determinado objetivo, mas não para discutir e incidir nas negociações das políticas do dia a dia. Então, por exemplo, nós temos falado nas reuniões do Conselho do MERCOSUL Social e Participativo, criado pela Secretaria Geral da Presidência, que não será fazendo denúncias, propostas e discursos na reunião dos presidentes que os sindicatos e as entidades sociais incidirão nos rumos do bloco. Os presidentes tratam de temas macro políticos e ratificam o que foi negociado pelos funcionários dos diferentes ministérios, nos inúmeros espaços temáticos do MERCOSUL. Se não houver uma negociação nas áreas específicas, não se consegue aprovar nada".

Vale lembrar que as centrais sindicais dos países membros do MERCOSUL nunca se opuseram à formação do bloco, situação muito diferente do ocorrido em outros processos de integração,

---

[26] CASTRO, M. S. P. de. "A importância do regime trabalhista na política externa" In: KJELD, J. (org.). *2003-2010 – O Brasil em transformação*. v. 4, A Nova Política Externa. São Paulo: Fundação Perseu Abramo, 2010.

como, por exemplo, o europeu quando foi constituído o Mercado Comum dessa região ou, ainda, a norte-americana Área de Livre Comércio da América do Norte (NAFTA), que sofreu a oposição das organizações dos trabalhadores dos países membros desse acordo.

Na medida em que a constituição do MERCOSUL na década de noventa foi contemporânea à abertura comercial, os sindicatos do Cone Sul mantiveram em princípio algumas objeções no que respeita o processo de integração, que parecia estar identificado com o modelo formulado pelo Consenso de Washington, que propunha simplesmente mais abertura comercial. No entanto, superando tais desconfianças, apoiaram a integração, influenciados em grande medida pelas correntes sindicais internacionais cuja opinião e conselho ouviram, evitando, assim, cometer os mesmos erros das organizações dos trabalhadores europeus que ingressaram tarde demais no processo de integração da União Europeia (UE).

O esquema tripartite preconizado pela Organização Internacional do Trabalho (OIT) jogou também a favor da integração, na medida em que outorgava aos sindicatos locais a possibilidade de expressar sua voz em um novo fórum de expressão institucional. É possível, por conseguinte, que a influência da OIT tenha sido decisiva para delinear conteúdos específicos inerentes às estratégias sindicais nos fóruns; em particular, a promoção de uma carta social de direitos que incorporou os padrões laborais mínimos relacionados à sindicalização, à negociação coletiva, ao trabalho infantil, à promoção da igualdade de gênero, às condições de trabalho e outros[27].

[27.] VIGEVANI, T. & VEIGA, J. P. *MERCOSUL: interesses e mobilização sindical*. Coleção Documentos, Série Assuntos Internacionais. São Paulo: IEA/USP, nº 38, 1995, p. 1-29.

A percepção dos sindicatos locais em torno da integração dependeu, todavia, não somente de uma visão estratégica sobre seus benefícios, mas também das experiências que emergiram nos quadros das demandas trabalhistas registradas em cada setor da atividade produtiva. Uma e outra perspectiva puderam ser discordantes, já que se por um lado foi impulsionada a unidade de ação através das fronteiras, manifestada antes e depois do Fórum Social de Porto Alegre (2001), ao mesmo tempo registraram-se movimentos contrários à integração em defesa dos postos de trabalho ameaçados por esta em cada um dos países membros do bloco. Tal atitude se manifestou recorrentemente em numerosas mobilizações de caminhoneiros ocorridas na primeira década desse século.

Às duas visões descritas acima caberia agregar uma terceira que desponta claramente no interior das entidades sindicais atuantes nos quadros do espaço transnacional a partir do momento em que assumem o perfil de atores coletivos interfronteiras. Nesse sentido foi o reconhecimento de que os sindicatos no contexto do processo de integração deviam transcender o local para poder fazer frente a essa nova realidade interbloco, e ainda, que o comércio entre empresas do setor automotriz não estivesse em decorrência do processo de integração limitado às fronteiras nacionais, é que pode ser firmado o primeiro convênio coletivo dos trabalhadores e gerentes da Volkswagen na Argentina e no Brasil no ano de 1999.

Em suma, o que prevaleceu foi a diversidade de experiências sindicais. A esta situação cabe acrescentar a dinâmica crescente das organizações da sociedade civil não sindical tanto na Argentina como nos outros países do Cone Sul, que, por um lado, amplia as demandas de participação de novos atores sociais e, por outro, põe em xeque as posturas sindicais que tradicionalmente monopolizam a representação social nos foros institucionais.

De qualquer maneira, os sindicatos que antes do advento do MERCOSUL estavam adaptados à atuação restrita, em alarga medida, do contexto nacional, tiveram que promover uma intensa articulação de caráter supranacional.

É em tal contexto que se dá a criação da Coordenaria das Centrais Sindicais do Cone Sul. Criada em 1986 na Argentina, antes mesmo, portanto, que fosse firmado o Tratado de Assunção, em 1991, a CCSCS aprovou, em 1990, como uma das suas principais prioridades a participação das centrais sindicais no projeto de integração econômica e social do Cone Sul; destacando nesse processo a defesa da democracia e dos direitos humanos[28].

Além da CCSCS, o Fórum Consultivo Econômico-Social (FCES) constitui-se, primordialmente, em um canal de representação das demandas sociais dentro do MERCOSUL. Seu regulamento interno, como vimos, define a representação dos setores empresariais, sindicais e organizações não governamentais.

O quão democrático poderia ser o bloco, as possibilidades de maior integração social e da atuação sindical, na qual ganha proeminência a manutenção ou o alargamento das conquistas dos direitos trabalhistas em âmbito regional, depende em grande medida dessa instituição e de seu potencial.

A percepção de que o FCES possui uma virtual potencialidade, mas, como foi mencionado acima por Maria Silvia Portela de Castro, apresente "debilidades e limitações", pode ser comprovado pelo número de recomendações emitidas por este que efetivamente foram postas em prática e atendidas. De acordo com a pesquisa realizada por Juliana de Carvalho Erthal, *Democracia Sociedade Civil e MERCOSUL: o caso do Fórum Consultivo Econômico--Social*, desde o início da atuação desse órgão, em 1996 até o

---

[28] Disponível em http://www.ccscs.org//la coordenadora/historia. Acesso em 19 de agosto de 2014.

O Mercosul

ano de 2005, apenas uma das vinte e duas recomendações foi de fato implantada, o que coloca em questão a real eficácia dessa instituição[29].

Dentre os temas tratados pelas recomendações do FCES ganha destaque a integração fronteiriça e a negociação com outros blocos, em especial a União Europeia (UE), bem como se faz premente mencionar aqui a abordagem dispensada aos temas do emprego, defesa do consumidor e trabalho infantil.

Diante dessa constatação e levando em conta a baixa adesão às recomendações do Fórum por parte do CMC e o GMC, pode-se afirmar que as questões de cunho social têm pouca relevância na dinâmica integracionista representada pelo MERCOSUL. Persiste, portanto, a avaliação que a bibliografia reproduz com certa insistência de que o bloco abriga um déficit democrático. Se, por outro lado, atentarmos para o fato de que o FCES é uma instituição que não dispõe de recursos financeiros próprios e que são as instituições sociais que custeiam todas as atividades aí realizadas, podemos concluir que promover um percurso democrático, no qual o processo de tomada de decisões resulte da participação de todos, dando espaço e voz aos setores diretamente interessados, continua sendo para o MERCOSUL um grande desafio.

Maria Silvia Portela[30] et, al. critica a forma de financiamento no Fórum, uma vez que os setores sociais não dispõem do mesmo montante de recursos das organizações empresariais. No entanto, apesar dessa desigualdade, é possível constatar que as entidades sindicais configuram a representação mais coesa e participativa do bloco. Ademais, o FCES assegurou uma aproximação maior

---

[29] ERTHAL, J. de C. *Democracia, sociedade civil e MERCOSUL: O caso do Foro Consultivo Econômico, Social*. Disponível em http://biblioteca virtual.clacso.org.ar/ar/libros/becas 201/alcagov/erthal.pdf.

[30] SCHUTTE, Giorgio Romano, CASTRO, Maria Sílvia Portella de, JACOBSEN, Kjeld Aagaar: *O sindicalismo na Europa, Mercosul e Nafta*. São Paulo: LTr, 2000.

entre os setores do campo trabalhista dos países componentes do MERCOSUL, pois permitiu que as organizações sindicais passassem a se conhecer, tomando ciência de suas diferenças ideológicas, assim como da convergência de seus objetivos. Logo, uma das conclusões positivas acerca do Fórum é a de que este, ao estimular o trabalho coletivo em conjunto promove o fortalecimento da atuação sindical.

Outro aspecto passível de crítica no que diz respeito ao FCES seria a exclusão do exercício de suas funções consultivas de outros grupos sociais, além daqueles que já o constituem. Há um grande número destes que não faz parte oficial do caráter institucional do MERCOSUL, mas que formula demandas ao bloco, como, por exemplo, o GAN (Grupo de Alto Nível, para o Crescimento do Emprego) e o MERCOSUL Social e Solidário.

O FCES deveria articular, com vistas à dilatação contínua do teor democrático do bloco de ações conjuntas, com outras organizações da sociedade civil. O estímulo visando um maior avanço da integração regional sob o ponto de vista social exigiria ampliar participação democrática no Fórum e, consequentemente, no próprio MERCOSUL. Um primeiro passo nesse sentido foi dado a partir da recomendação 03/06, que faculta a participação do FCES na condição de observador nas reuniões do GCM e que ele pode ser ouvido antes e depois de estas se realizarem. Se o atendimento de tal recomendação demonstrou a ampliação do espaço de participação do FCES nas instâncias decisórias do MERCOSUL, por outro lado não resta dúvida de que muito ainda deve ser feito a fim de que seja reduzido o déficit democrático do bloco.

O movimento sindical critica o FCES por seu papel meramente consultivo, o que pode agravar ainda mais a rejeição por parte dos governos e empresários de que outros segmentos sociais participem da discussão, impedindo, assim, o alargamento do espaço de participação de entidades da sociedade civil que desejem ter voz ativa nos processos de tomada de decisões.

Porém, FCES, apesar de ter um caráter meramente consultivo, como vimos, representa uma conquista sob o ponto de vista dos movimentos sociais dos trabalhadores. Um exemplo é o Acordo Multilateral de Seguridade Social, que entrou em vigor nos quatro países em 2005. Ele nasceu de uma Comissão do SGT10 que desenvolvia análises dos sistemas previdenciários dos quatro países membros visando a elaboração de melhores modelos em matéria de seguridade social conjunta. Hoje ele encontra-se implantado entre os Estados membros e propiciará melhores condições de vida aos trabalhadores e suas respectivas famílias que queiram transitar dentro do bloco. Mesmo que ainda siga um modelo intergovernamental que não estabeleça regras supranacionais, impondo preceitos obrigatórios em matéria de seguridade social para todos os membros do bloco, cabe a ele regular as normas entre os sistemas previdenciários dos países membros do MERCOSUL, garantindo, assim, que os direitos e deveres dos trabalhadores e contribuintes sejam reconhecidos de um país para outro, quando houver deslocamentos humanos dentro do bloco, resultantes de mudança de emprego ou em matéria de aposentadoria.

Vale lembrar que com o Protocolo de Ouro Preto, a estrutura institucional sofre modificações visando atender melhor às novas demandas integracionistas e, de acordo com ele, o CMC e o GMC, criados com o Tratado de Assunção, ganham agora mais três especificações de caráter consultivo, a Comissão de Comércio do MERCOSUL (CCM), a Comissão Parlamentar Conjunta (CPC) e o Fórum Consultivo Econômico e Social (FCES), como vimos acima.

O Conselho do Mercado Comum (CMC) continua como órgão superior do MERCOSUL, responsável pela condução política deste e pela tomada de decisões, a fim de que seja assegurado o processo de integração. A presidência do Conselho é exercida rotativamente pelos Estados-Parte, por um período de seis meses, e a coordenação é feita pelo ministério das Relações Exteriores. As manifestações desse órgão sobre temas de sua inteira competência se dão por meio de decisões que são obrigatórias para os Estados do bloco. O Conselho tem como função: velar pelo cumprimento e desenvolvimento do processo, exercer a titularidade da personalidade jurídica do MERCOSUL, negociar internacionalmente em nome do mercado, criar ou extinguir órgãos, tratar do regimento interno dos outros órgãos e decidir sobre matéria financeira e orçamentária (artigos 3,4,5,6,7 e 8 do Protocolo de Ouro Preto).

O Grupo Mercado Comum (GMC) passa a ser integrado por 32 representantes oriundos dos ministérios das Relações Exteriores (MRE) e da Economia e dos Bancos Centrais. A coordenação geral fica a cargo dos MREs. Ele se manifesta por resoluções que são obrigatórias para os Estados-Parte. Tem a responsabilidade de incentivar o processo de integração, propor projetos ao Conselho, tomar medidas para assegurar o cumprimento das decisões adotadas pelo Conselho, criar e extinguir órgãos tais como os Subgrupos, supervisionar as atividades e os regimentos internos de outros órgãos inferiores, fixar programas de trabalho que contribuam para o avanço nas negociações setoriais e negociar com terceiros países em nome do bloco, desde que essa decisão seja delegada pelo Conselho.

A Comissão do Comércio do MERCOSUL (CCM) é encarregada de assistir ao Grupo, zelar pela aplicação dos instrumentos de política comercial comum intra e extra MERCOSUL e, por temas relacionados à conformação da união aduaneira. Ela é integrada e também coordenada pelos MREs. Manifesta-se por meio de diretrizes (obrigatórias para os Estados membros do bloco) ou propostas. Tem como funções: considerar e pronunciar-se sobre as solicitações apresentadas pelos Estados membros com respeito à aplicação e ao cumprimento da Tarifa Externa Comum (TEC) e dos instrumentos relacionados à política comercial comum, acompanhar a aplicação dos instrumentos de política comercial comum nos Estados membros, informar ao Grupo sobre o andamento das políticas comerciais comuns, propor ao Grupo modificações às normas existentes referentes à matéria comercial e aduaneira, estabelecer comitês técnicos para o cumprimento de suas funções e dirigir e supervisionar as atividades destes (artigos 16, 17,18, 19, 20 e 21 do Protocolo de Ouro Preto).

A Comissão Parlamentar Conjunta (CPC) constitui-se no órgão representativo dos Parlamentos dos Estados-Parte. É integrada por um número igual de parlamentares, originários dos seus respectivos Estados-Parte e designados pelos seus respectivos Parlamentos nacionais, de acordo com o procedimento interno de cada um deles. Ela deve encaminhar, por intermédio do Grupo Mercado Comum, recomendações ao Conselho. Tem como função acelerar os procedimentos internos nos seus Estados-Parte a fim de que entrem em vigor as normas emanadas pelos órgãos do MERCOSUL, trabalha para a harmonização das legislações e contribui para o avanço do processo de integração (artigos 22, 23, 24, 25, 26 e 27 do Protocolo de Ouro Preto).

O Fórum Consultivo Econômico-Social (FCES) continua sendo um órgão de representação dos setores econômicos e sociais (atores privados), integrado por igual número de representantes de cada Estado membro. Ele submete seu Regimento Interno ao Grupo Mercado Comum (GMC), para homologação. Tem função meramente consultiva e manifesta-se mediante recomendações ao Grupo (artigos 28, 29 e 30 do Protocolo de Ouro Preto).

A secretaria administrativa do MERCOSUL representa o apoio operacional. Tem sua sede permanente na cidade de Montevidéu e assume a função de servir como arquivo de documentação, providenciar a publicação, a tradução e a defesa das decisões adotadas, informar regularmente aos Estados sobre as medidas desenvolvidas por cada país, incorporar o ordenamento jurídico desses às normas emanadas pelos órgãos do MERCOSUL e elaborar projetos orçamentários e de prestação de contas, depois de estes terem sido aprovados pelos órgãos políticos superiores do Acordo. As normas emanadas pelos órgãos do MERCOSUL entram em vigor trinta dias após a comunicação feita pela SAM, e só então os Estados pertencentes ao bloco publicarão sua vigência, nos respectivos diários oficiais.

As fontes jurídicas do MERCOSUL são: o Tratado de Assunção, seus protocolos e instrumentos adicionais ou complementares, os acordos celebrados no âmbito do Tratado de Assunção, as decisões do CMC, as resoluções do GMC e as diretrizes da CCM. Suas normas têm caráter obrigatório para os Estados membros e devem ser incorporadas ao ordenamento jurídico interno de cada um deles, quando necessário. A vigência do protocolo é indefinida e poderá sofrer revisão quando os Estados-Parte julgarem necessário[31].

Conforme foi salientado anteriormente, o POP não modificou o núcleo funcional do MERCOSUL, permitindo que este continue sendo plenamente administrado pelos setores burocrático-estatais dos governos de cada sócio, principalmente pelos setores governamentais ligados à política exterior, como os ministérios das Relações Exteriores[32].

[31.] MARIANO, M. P. *A estrutura institucional do MERCOSUL*. São Paulo: Aduaneiras, 2000.

[32.] Ibidem.

1.5 O aspecto cultural e a identidade mercosulina

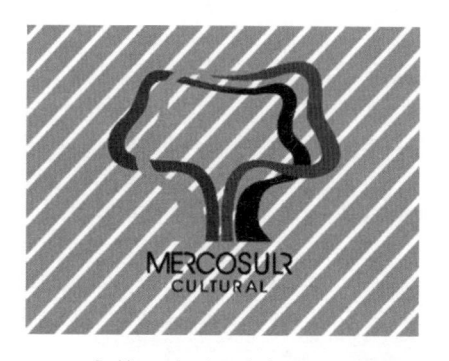

O dilema da identidade Mercosulina.

A preocupação com questões culturais apareceu de maneira tardia e continua muito indigente na estrutura organizacional do bloco. De acordo com Felipe Silvério[33] em sua pesquisa intitulada *O Papel das Identidades Nacionais na Construção de uma Identidade Mercosulina*: "mesmo com a reunião dos ministros da Cultura (RMC) e de órgãos como o Parlamento Cultural do MERCOSUL (PARCUM), tais iniciativas não refletem os anseios e a realidade dos habitantes dos países membros do bloco, visto que não

---

[33] SILVÉRIO, F. *O papel das identidades nacionais na construção de uma identidade mercosulina*. Trabalho de Conclusão de Curso – UNESP Franca, 2011.

oferecem espaços de representação e fóruns de discussão, onde as manifestações culturais possam se expressar". Assim, reitera Silvério, um dos grandes desafios do MERCOSUL é oferecer esses espaços de maneira inclusiva e efetiva, não ficando apenas no campo retórico ou discursivo. Mesmo porque há pouca oferta e incentivo às manifestações culturais de maneira institucionalizada. Por esse motivo a via cultural no MERCOSUL se dá principalmente através da iniciativa privada, como é o caso da Rede Cultural MERCOSUL, projeto que tem origem na sociedade civil; as institucionais, por outro lado, estão ligadas aos governos sub-regionais, como é o caso da prefeitura de Porto Alegre.

O incentivo à criação de espaços onde as identidades nacionais dos Estados-Parte possam dialogar e se conhecer de maneira profunda, reconhece Silvério, afasta estereótipos arraigados, estimula um efetivo compartilhamento de experiências e ricas trocas culturais que facilitariam o surgimento de valores e ideais comuns, que a longo prazo produziria de fato uma sólida e real identidade mercosulina. A via cultural seria, portanto, um meio reconhecidamente valioso para que a integração efetivamente pudesse ocorrer.

As poucas, insuficientes e esparsas iniciativas desenvolvidas nos últimos tempos, não só fragilizam o potencial integracionista, mas ao mesmo tempo impedem que sejam explicitadas as diferenças identitárias dos membros do bloco que as manifestações culturais reúnem. Perdura, por conseguinte, até o presente momento, no âmbito do MERCOSUL, a falta de coordenação dos eventos culturais, impedindo que se constitua um movimento forte, coeso e amplamente difuso.

Para modificar esta situação seria preciso que houvesse uma ampla reforma institucional coordenada entre os países do bloco, a fim de que os espaços de participação e diálogo, assentados sobre valores de respeito à diversidade e valorização da cultura fossem ampliados. Sem a valorização da cultura, a única esfera da vida que realmente o homem não herda, mas cria, e uma reforma institucional do MERCOSUL, uma verdadeira identidade mercosulina, como prevê Silvério, terá um futuro incerto, permanecendo, em seu entender, na condição de mais uma utopia sul-americana[34].

1.6 A importância do Parlasul

No ano de 2004, o CMC aprovou a Decisão nº 26/03, que definiu o Programa de Trabalho 2004-2006, estabelecendo no Artigo 3.1 de seu Anexo:

> "considerar, no ano de 2004, a proposta que elabore a CPC relativa ao estabelecimento do Parlamento MERCOSUL, de acordo com a solicitação realizada pelos Presidentes dos Estados-Parte do MERCOSUL, considerando como uma primeira etapa o Acordo Institucional subscrito pelo CMC e a CPC"[35].

Nesse mesmo ano, foi assinada a decisão do CMC que autoriza a CPC a redigir o Protocolo Constitutivo do Parlamento do MERCOSUL, ratificado pelos respectivos congressos nacionais dos membros ao longo de 2006; sendo que em 14 de dezembro do referido ano, em solenidade do Congresso Nacional Brasileiro,

---

[34.] Ibidem.

[35.] MERCOSUL. Mercado Comum do Sul. Decisões do Conselho do Mercado Comum. MERCOSUL/CMC/DEC. Nº 26/03.

em Brasília, foi instituído o Parlamento Regional. A sessão de instalação, no entanto, em que os parlamentares do MERCOSUL tomaram posse, foi realizada somente em 7 de maio de 2007, na cidade de Montevidéu, Uruguai, com a presença de representantes da Argentina, Brasil, Paraguai, Uruguai e, ainda, da Venezuela.

O Parlasul é composto por uma mesa diretora, comissões temporárias especiais e permanentes e, ainda, por uma secretaria parlamentar, administrativa, de relações internacionais e integração. Este órgão unicameral atua mediante sessões ordinárias, as quais são obrigatoriamente públicas — salvo em casos especificados com antecedência — em consonância com os propósitos que o caracterizam, qual seja:

> "a promoção e a defesa da democracia, o respeito à pluralidade e à diversidade cultural, ideológica e política, à promoção de desenvolvimento sustentável com justiça social e à participação da sociedade civil no processo de integração. O Parlamento rege-se pela transparência de informações e das decisões, de forma a facilitar o envolvimento dos cidadãos"[36].

O protocolo constitutivo estabeleceu que o Parlasul seria uma instância legislativa supranacional que, paradoxalmente, não produziria um direito positivo supranacional, pois, a exemplo do CPC, manteria funções meramente consultivas; no entanto teria, ao mesmo tempo, a possibilidade de propor uma série de orientações ao CMC, e poderia elaborar estudos e anteprojetos destinados à criação de normas nacionais visando a harmonização das legislações nacionais. Ademais, não possuiria o controle sobre

---

[36]. RIBEIRO E. S. de. *Parlamento do MERCOSUL: forma de organização e perspectivas à participação social e às políticas públicas*. Observador on-line. Publicação do Observatório Político Sul-Americano. Rio de Janeiro: IUPERJ v. 2, nº 12, dezembro de 2007.

o orçamento do bloco, uma restrição que, evidentemente, minaria seu poder de fiscalização.

Reunião do Parlasul em Montevidéu – Uruguai.

A competência que o Parlasul assumiria na coordenação de normas e na reforma das legislações nacionais, vale sublinhar, ofereceria grandes possibilidades para eliminar a dispersão de esforços na uniformização de políticas públicas, especialmente em torno de temas em que a ação nacional não é suficiente (migrações, gestão de recursos naturais, entre outros), que os Estados membros do MERCOSUL, relutando em compartilhar o poder de decisão, não quiseram empreender mediante estudos consistentes e conclusivos.

Apesar das críticas, o Parlasul incorpora novidades que não estão presentes na CPC. Primeiramente, o rito decisório tomado por maioria e não mais por consenso, que confere um maior dinamismo aos processos de decisão parlamentar, embora não tenha sido definida a fixação de prazos (de até seis meses) para a internalização das normas do MERCOSUL nas legislações nacionais[37]. O Parlasul permite, ainda, a realização de audiências públicas e seminários (previstos tanto no protocolo constitutivo quanto no regimento interno do órgão), que, embora tenham um caráter meramente informativo e não vinculante, abrem a possibilidade do alargamento de canais de participação dos cidadãos, democratizando os debates envolvendo questões de interesse transnacional, favorecendo a participação dos mais diversos atores da sociedade civil. Ele franqueia o exercício democrático estimulando a participação, porquanto permite o encaminhamento de petições que tratem de atos de omissões das instâncias decisórias redigidas por particulares a seus órgãos competentes[38].

Durante a primeira fase transitória (que foi definida entre 31 de dezembro de 2006 e 31 de dezembro de 2010), de acordo com o próprio protocolo consultivo, os cargos parlamentares foram igualmente distribuídos entre os países, sendo ocupados por dezoito representantes de cada Estado membro – mais nove representantes venezuelanos que teriam voz, mas não poder de voto, indicados pelos seus respectivos congressos nacionais. Tal resolução foi concomitantemente acompanhada por uma discussão acerca da proporcionalidade de cadeiras destinadas a cada país membro, de acordo com sua densidade demográfica. A discussão encerrada em 18 de outubro de 2010, através da decisão

---

[37] COUTINHO, G. G. *O Parlamento do MERCOSUL: a transnacionalização da política na periferia do capitalismo em uma análise preliminar.* Congress of the Latin American Studies Association, 18 de janeiro de 2009. Disponível em http://lasa.international.pitt.edu/members/congress-papers/lasa 2009/files/coutinho.

[38] RIBEIRO E. S. de. *Parlamento do MERCOSUL: forma de organização e perspectivas à participação social e às políticas públicas.* Observador on-line. Publicação do Observatório Político Sul-Americano. Rio de Janeiro: IUPERJ, v. 2, nº 12, dezembro de 2007. Disponível em http://observatorio iesp.uerj.br/pdfs 26_observador-topico_Observador_ v2_n 12, pdf>. Acesso em 18 de agosto de 2014.

028/2010 do CMC que acatou as recomendações do próprio Parlasul, definiu as bases do que foi definido como "Critério de Representação Cidadã", estabelecendo que num período inicial o Brasil teria 37 parlamentares; a Argentina 26, enquanto Paraguai e Uruguai, 18 cada. Posteriormente, decidiu-se que essa representação parlamentar seria alterada de modo que o Brasil tivesse 75 representantes; a Argentina 43, e os sócios menores Uruguai e Paraguai manteriam inalterada a dimensão de seu corpo representativo em conjunto com a Venezuela.

A segunda etapa de transição teve início em primeiro de janeiro de 2011 e será encerrada em 31 de dezembro de 2014, com a eleição direta dos parlamentares que cumprirão seu mandato na instância regional. Alguns analistas avaliam essa etapa de duas perspectivas diferentes.

A primeira foi considerada ousada em demasia, pois geraria uma desconexão entre o parlamentar mercosulino e o nacional com a possível perda de influência de um dos dois legislativos. Em função dessa avaliação, ocorreria um déficit do exercício das funções assumidas tradicionalmente pelos legislativos nacionais dos Estados membros, reduzindo e dificultando seu funcionamento, graças à introjeção e à preponderância das normas mercosulinas[39].

A segunda, por seu lado, propicia a separação entre as duas categorias de representação, uma regional e outra nacional, e pode, a exemplo do Parlamento Europeu, ser positiva, posto que os representantes do povo "em situação de duplicidade parlamentar tenderiam a dar maior importância aos seus parlamentos de origem, colocando o parlamento regional em segundo plano"[40].

---

[39] COUTINHO, G. G. *O Parlamento do MERCOSUL: a transnacionalização da política na periferia do capitalismo em uma análise preliminar.* Congress of the Latin American Studies Association, 18 de janeiro de 2009. Disponível em http://lasa.international.pitt.edu/members/congress-papers/lasa 2009/files/coutinho.

[40] Ibidem.

Toda essa preocupação com o desenho institucional e as atribuições do Parlasul está diretamente relacionada à atuação dos parlamentares desse órgão. E se levarmos em conta a experiência observada nos últimos dez anos de atuação da CPC, uma das grandes dificuldades que emanam desse órgão supranacional seria a falta de comprometimento dos partidos políticos e seus representantes com sua institucionalização, o desconhecimento que estes têm acerca do rol de negociações, o peso e urgência que estas assumem no âmbito do fortalecimento da união do bloco e o distanciamento que continua existindo em relação às instituições do MERCOSUL[41]. Estas evidentes limitações comprometem o próprio processo de integração, pois enquanto representantes dos povos envolvidos nesse projeto, são os parlamentares do MERCOSUL os principais responsáveis pela difusão do debate em torno dessa temática para as populações dos Estados membros, ao mesmo tempo em que têm a tarefa de ouvir, reunir e instigar demandas e expectativas de seus eleitores no concerto da dinâmica integracionista.

Sabemos que adesão de partidos e políticos à integração dependerá sempre do retorno que o debate sobre esta questão proporciona sob o ângulo do prestígio e dos resultados eleitorais.

Não é por outro motivo que os representantes do poder legislativo brasileiro atuem sempre segundo a lógica reativa dos efeitos imediatos — em especial quando estes são negativos — no concerto do processo de integração. Preferem manter-se em geral alheios a estes e outros debates subjacentes à política externa, que no entender deles não assegura votos e projeção pessoal, posto que as temáticas integracionistas englobam um horizonte de conhecimento cuja apreensão exigiria um universo conceitual

---

[41] OLIVEIRA, M. F. de. *MERCOSUL: Atores, política e grupos de interesses brasileiros.* São Paulo: Ed. UNESP, 2003.

vetado ao eleitor médio, que é, segundo eles, reconhecidamente tradicionalista.

A natureza intrínseca das relações compartilhadas por mais de um Estado ganha complexidade na medida em que se distancia do entendimento comum, ao escrutínio e à participação popular. Os representantes parlamentares dos partidos políticos brasileiros, em função desse diagnóstico, restringem seu campo de interferência apenas à retificação de acordos internacionais e sua incorporação ao ordenamento jurídico nacional.

Esse padrão de comportamento, no que se refere a assuntos inerentes à política exterior, apresentou algumas mudanças, sobretudo a partir da transição do regime político que se processou no país nos anos 1980, na medida em que houve o avanço, tanto no plano discursivo quanto em termos de iniciativas práticas, das propostas de "democratização" da Política Externa Brasileira (PEB).

Dawisson Belém Lopes[42] indica uma listagem de motivos para explicar essa mudança de orientação. Ela compreenderia, dentre outros:

> [...] a instauração de uma nova ordem institucional no Brasil (1988), que se fez acompanhar pela realização mais frequente de consultas a determinados setores da sociedade brasileira (empresariado, grupos organizados de pressão, academia, organizações não governamentais, movimentos socais etc.) sobre os rumos da PEB, além da implementação de mecanismos institucionais voltados tanto para a coordenação das "agendas internacionais" dos vários ministérios e agências burocráticas governamentais quanto a inclusão de novos atores com interesses em jogo na formulação de política externa. Registra-se ainda a crescente

---

[42] LOPES, D. B. *Política externa e democracia*. São Paulo: Ed. UNESP, 2013.

> cobertura que a imprensa vem dando à política externa mais recentemente. (CASARÕES, 2012), bem como a introdução a partir de 1989, da pauta internacional dos aspirantes ao Palácio do Planalto durante as respectivas campanhas eleitorais. Cabe acrescentar o ineditismo histórico – se não na essência do fenômeno, ao menos no grau – de uma alegada ideologização/partidarização da PEB. (ALMEIDA, 2006, 2007; RICUPERO, 2005) no processo que marca a ascensão dos temas relativos à política exterior na escala das questões sensíveis no âmbito das organizações político-partidárias brasileira.

Porém, reconhece Dawisson Belém Lopes, como alguns autores têm sugerido, uma maior atenção da opinião pública aos temas de política externa do Brasil não resulta em sua democratização. E no que respeita aos partidos políticos brasileiros, estes continuam priorizando a ampla agenda dos denominados grandes temas nacionais como: o crescimento econômico, combate à pobreza, ascensão no ranking dos índices de desenvolvimento humano (IDH), redução da inflação, aperfeiçoamento técnico e valorização da educação, melhorias no setor da saúde, questões de segurança pública, etc.

As agremiações políticas relegam os temas de política externa aos cuidados do governo federal e da burocracia especializada, na medida em que persiste uma visão estatal centralizada na condução desta, apesar de se observar na atualidade certa contestação aos modelos de "ator racional unitário único", no campo das teorias das relações internacionais. E malgrado tenha havido a ampliação substancial de atores relevantes nas relações internacionais, a exemplo das organizações classistas, as empresas transnacionais e multinacionais, Igrejas, organizações não governamentais (ONGs), organizações internacionais (OIs) e a paradiplomacia desenvolvida por organismos subnacionais — tais como prefeituras, estados e

OIs —, bem como tenha ocorrido um aumento dos escopos e da complexidade dos temas pertinentes à política externa, muito do que sucede no mundo contemporâneo ainda resulta de decisões tomadas por um ou mais Estados soberanos.

> "Nessa agenda [dos grandes temas nacionais] a política externa fica relegada a um segundo plano dentro do Congresso. Isso é possível porque existe uma estrutura burocrática federal voltada exclusivamente para essa questão que é o Ministério das Relações Exteriores [...]. Apesar disso, como discute Soares Lima (2004), e apesar da crença na continuidade e no consenso, houve mudanças significativas no posicionamento internacional do Brasil, proporcionado pelas modificações das relações políticas internas"[43].

A confirmação das eleições diretas, universais e secretas para Parlasul previstas entre os sócios maiores Brasil e Argentina — no Uruguai não está confirmada a data da realização do pleito e, no Paraguai, este já foi efetuada desde 2008 — contribuirá muito para que o MERCOSUL adquira mais relevância na agenda dos partidos políticos, transcendendo a simples retórica.

A realização de novos pleitos terá também o efeito de ampliar o debate sobre os rumos do MERCOSUL no contexto nacional, mesmo porque na atualidade, no caso específico brasileiro, ele não se encontra mais restrito apenas às regiões sul e sudeste, posto que em virtude do ingresso da Venezuela em 31 de julho 2012, no bloco o processo de integração estendeu-se, também, para a região norte do país. Ademais, a organização do pleito, o debate eleitoral e a participação no Parlasul, contribuirão decisivamente para regionalizar as bases dos interesses partidários,

---

[43] OLIVEIRA, M. F. de. *MERCOSUL: Atores, política e grupos de interesses brasileiros*. São Paulo: Ed UNESP, 2003.

pois contribuirão para solidificar alianças intrabloco por meio da identificação dos conteúdos programáticos de partidos de atuação nacional, criando assim as condições adequadas para a formação de blocos parlamentares orientados por programas comuns.

Essa mesma convergência de interesses cujo pano de fundo é o contexto regional, circunscrita, no entanto, na orientação econômica de setores da sociedade civil já pode ser percebida na atualidade. Marcelo Mariano Passini reconhece:

> "que exemplos dessa situação podem ser encontrados em vários setores, entre eles pode-se destacar a atuação empresarial ligada ao setor automotivo que já incorporou o ambiente da integração em seus objetivos e linhas de ação; os atores governamentais responsáveis pela definição das políticas públicas e de investimentos, que incorporam a realidade regional como parâmetro para o seu planejamento"[44].

Assim, na medida em que o aspecto econômico, apesar das desavenças em torno da sistemática perfuração da Tarifa Externa Comum (TEC), das assimetrias e crises recorrentes, apresente resultados promissores e novas perspectivas comerciais se materializem de fato, seriam dadas as condições econômicas propícias para a consolidação do Parlasul. Nesse contexto seria, então, plausível que se forme uma representação parlamentar que defenda interesses transnacionais, ao invés daqueles predominantemente locais, e que possa estimular a delegação de uma parte da soberania dos Estados membros em prol de instituições supranacionais.

Nesses termos, uma situação favorável sob a ótica econômica propiciaria a articulação política dos interesses transnacionais,

---

[44]. MARIANO, M. P. *A estrutura Institucional do MERCOSUL*. São Paulo: Aduaneiras, 2000.

apesar das sérias deficiências do Parlasul, em específico, no que se refere ao déficit do seu poder de fato. Sua institucionalização facultaria paradoxalmente o resgate de uma agenda que extrapolaria uma orientação meramente comercial, abrindo os canais de participação cidadã no bloco. A esta iniciativa poder-se-ia somar o FCE, as reuniões especializadas, o MERCOSUL Solidário — empreendimento oriundo da sociedade civil — e, ainda, a proposta estatal SOMOS MERCOSUL, entre outros projetos, que dotariam o processo de integração de legitimidade democrática e segurança jurídica.

Para que tal opção democratizante pudesse de fato se confirmar seria imprescindível que a atual configuração institucional do MERCOSUL sofresse alterações, a fim de que houvesse de fato uma diferenciação funcional entre Parlamento Regional e as demais esferas políticas do bloco. O Parlasul, nesses termos, deveria superar a condição de simples tribuna, para se tornar um fórum no qual são analisados temas transnacionais. Para tanto, caberia a ele deixar de ser um mero espaço de reunião dos parlamentares dos Estados membros, para se transformar de fato numa instância de participação da sociedade civil, em condições de poder fiscalizar e exigir a prestação de contas dos órgãos executivos do bloco.

O advento do Parlasul, segundo alguns analistas, conferiria ao MERCOSUL uma dimensão mais democrática, fortalecendo tal orientação tanto nos países que constituem o bloco quanto a nível regional. Por seu lado, este canal de representação popular seria uma alternativa ao arcabouço institucional projetado pelos formuladores do processo de integração, que bloqueia a existência de mecanismos adequados de participação de atores relevantes da sociedade civil, legitimando assim todo o esforço agenciado visando a constituição de um sistema regional democrático, comprometido com a promoção do bem-estar social[45].

1.7. Teoria Geral do Direito da Integração e do Direito Comunitário

Todos os processos de integração em curso, até os dias atuais, apresentam uma dimensão intergovernamental que consiste numa relação horizontal institucional. Vale dizer, os Estados membros se recusam a atribuir competências exclusivas acima de suas soberanias a qualquer órgão criado no transcurso dos processos de integração; este é o caso do MERCOSUL. E por outro lado, uma configuração supranacional que instaura uma relação vertical institucional. O que significa afirmar, os Estados membros atribuem competências exclusivas a instituições edificadas no bojo da dinâmica integracionista, abdicando a uma parte de sua soberania; este é o exemplo da União Europeia (UE) e de suas instituições supranacionais como a Comissão Europeia (CE), o Parlamento Europeu (PE) e o Banco Central Europeu (BCE)[46].

Por sua vez, as normas jurídicas que regulamentam os processos de integração compõem o Direito da Integração (DI). Ele é o ramo do Direito que estuda as relações jurídicas entre os Estados nos processos de associação socioeconômica em seus diversos níveis de integração intergovernamental e supranacional.

---

[45]. MARIANO, M. P. *A estrutura Institucional do MERCOSUL*. São Paulo: Aduaneiras, 2000.

[46]. CARDOSO, Luís Fernando. Disponível em: http://www.dropbox.com/s/yiegz7jiwomomKu4/Direito. Acesso em 10 de agosto de 2014.

Outro Direito aplicado a esses mesmos processos de integração é o Direito Comunitário (DC). Ele é o ramo do Direito da integração que estuda e regula as relações jurídicas entre os Estados no âmbito da integração supranacional como a europeia.

Ainda que muitos analistas não considerem o Direito do MERCOSUL (DM) como correspondendo ao modelo jurídico do Direito Comunitário (DC), na medida em que o processo de integração mercosulino é intergovernamental, há, contudo, doutrinadores, sobretudo argentinos, que consideram tal Direito como correspondendo ao modelo jurídico do DC.

O MERCOSUL, no que respeita à sua natureza jurídica é uma organização internacional de caráter regional na medida em que é dotado de uma personalidade jurídica de Direito internacional, definido pelo artigo 34 do Protocolo de Ouro Preto. Ele possui um Tribunal Permanente de Revisão (TPR), estabelecido pelo Protocolo de Olivos, que é órgão arbitral de revisão dos laudos arbitrais prolatados pelas arbitragens *ad hoc*. O TRP é composto de cinco membros e cada Estado membro deve designar cada um desses para um mandato de dois anos, sendo o quinto até a entrada da Venezuela no bloco, designado, em conjunto pelos Estados-Parte para um mandato de três anos. A sede do TRP é a cidade de Assunção.

1.8. Cidadania do MERCOSUL

A cidadania do MERCOSUL é conferida a todos os nacionais dos Estados-Parte. Dessa forma, a cidadania é inerente ao processo de integração do Cone Sul e derivada da nacionalidade dos Estados membros do bloco; portanto, a competência pessoal continua a ser matéria de domínio desses. A cidadania mercosulina implica, por sua vez, o direito de eleger e de ser eleito para o Parlamento do MERCOSUL (Parlasul), enquanto os outros direitos subjetivos políticos dependerão do Direito interno de cada um dos Estados membros[47].

O cidadão mercosulino goza do direito de livre circulação no território dos Estados membros para fins turísticos (Decisão CMC 18/08), desde que esteja portando documento de identidade de seu país de origem ou passaporte, bem como o atestado de residência nos termos do Acordo sobre Residência (Decisão CMC 28/02).

O Acordo Multilateral de Seguridade Social do MERCOSUL é de 15/12/1997. Por ele os direitos à Seguridade Social serão reconhecidos aos trabalhadores que prestem ou tenham prestado serviços em quaisquer dos Estados-Parte, sendo-lhes reconhecidos, assim como seus familiares, os mesmos direitos e estando sujeitos às mesmas obrigações que os nacionais de tais Estados membros. O direito aplicável será aquele do território no qual o trabalhador exerça atividade laboral (exceção: trabalhadores de empresas de transporte aéreo e terrestre que venham a se deslocar devido ao trabalho, tripulação de navios de bandeira de um dos Estados membros e profissionais da área científica tecnológica ou de direção que estejam realizando um trabalho temporário). O período de trabalho no território do Estado pertencente ao bloco, com o respectivo seguro ou contribuição, contará para efeitos de concessão de aposentadoria por velhice, invalidez ou morte, desde que o período de contribuição seja

---

[47.] CARDOSO, Luís Fernando. Disponível em http://www.dropbox.com/s/yiegz7jiwomomKu4/Direito. Acesso em 10 de agosto de 2014.

superior a doze meses. As autoridades competentes que fiscalizam e regulamentam tal matéria são os ministérios da Previdência e Assistência Social e o ministério da Saúde, bem como as entidades gestoras, organismos de ligação e o INSS.

Com relação aos acordos sobre residência para nacionais dos Estados-Parte do MERCOSUL (Acordos de Residência) (Decisão CMC 28/02), mais Acordo de Residência MERCOSUL incluindo Chile e Bolívia ("Decisão CMC 28/02"), ficou estabelecido que os nacionais dos Estados-Parte que desejam residir em território de outro Estado-Parte poderão obter residência legal neste último desde que comprove a sua nacionalidade e apresente diante da autoridade consular ou serviço de migração correspondente uma série de documentos. A listagem completa reúne o passaporte válido e vigente ou carteira de identidade, certidão de nascimento, comprovação de estado civil, certidão negativa de antecedentes judiciais e/ou penais do país de origem, declaração de ausência de antecedentes internacionais penais ou policiais, certidão médica (conforme é exigido pela legislação do país de recepção), pagamento de taxa de serviços (como é estabelecido pela legislação do país de recepção)[48].

A residência temporária poderá ser transformada em permanente mediante solicitação à autoridade migratória competente noventa dias antes do vencimento da residência temporária instruída por uma série de documentos como a certidão de residência temporária, passaporte válido e vigente ou carteira de identidade, certidão negativa de antecedentes judiciais e/ou penais do país de origem, etc. Vencido o prazo de dois anos de residência temporária, o imigrante estará sujeito à legislação ordinária sobre imigração do país de recepção.

No âmbito dos Acordos sobre Regularização Migratória Interna de Cidadão do MERCOSUL, Chile e Bolívia, os nacionais de um Estado-Parte que se encontrem em território de outro Estado-Parte

---

[48]. Ibidem.

poderão efetuar a tramitação migratória de sua residência neste último sem necessidade de sair deste. Tal procedimento será feito independentemente da condição de ingresso do solicitante. Para tanto, os Estados-Parte poderão conceder residência temporária ou permanente em consonância com seu Direito interno.

Por sua vez, sobre as questões trabalhistas no MERCOSUL foi formulada a Declaração Sócio-Laboral do MERCOSUL. Ela estabelece os direitos individuais, coletivos e conexos na área dos direitos trabalhistas e sociais entre os nacionais dos Estados-Parte do MERCOSUL (empregados e empregadores). Entre os direitos enunciados, encontramos os seguintes: proibição de discriminação entre trabalhadores nacionais do MERCOSUL, promoção de igualdade entre portadores de necessidades especiais, eliminação do trabalho forçado e infantil, liberdade de associação e sindical[49].

O imigrante a quem foi outorgada a residência temporária ou permanente no país receptor gozará de direitos trabalhistas e sociais da mesma forma que os nacionais daquele país. Tais direitos são estendidos à família do imigrante. Já em matéria previdenciária, a isonomia dependerá de tramitações posteriores.

Nesse sentido, o Acordo de Residência teve sua legalidade confirmada pelo Tribunal Superior do Trabalho (TST) no acórdão de 26 de maio de 2010, ao dispor que tal Acordo de Residência "conferiu aos cidadãos dos Estados-Parte do Bloco igualdade na aplicação da legislação trabalhista, independentemente da regularidade da situação migratória"[50].

---

[49] Ibidem.

[50] Ibidem.

Etapas de integração econômica

O processo de integração, de acordo com Ricardo Seitenfus, exige quatro condições básicas e incontornáveis:

> "em primeiro lugar, a contiguidade geográfica – o processo de integração depende de um espaço físico delimitado que tende a estender-se à vizinhança (...), a geografia coloca-se a serviço da integração e o livre comércio tende a ser mais intenso (...); em segundo, a criação de zonas de influência no entorno das potências hegemônicas locais mundiais; em terceiro, a integração permite o resgate dos espaços periféricos às potências hegemônicas, como ocorre com o NAFTA e a UE; e por fim, é imprescindível a existência de vontade política forte, constante e sustentável, majoritariamente defendida internamente pelos Estados membros (...) a vontade política implica que vantagens e desvantagens da integração sejam repartidas equitativamente"[51].

A integração econômica pode ser concluída em vários estágios, dependendo do nível de credibilidade que as partes contratantes mantêm entre si e do grau de liberdade que decidem se outorgar.

A Zona de Preferências Tarifárias é a mais incipiente das etapas de integração, e consiste na redução das tarifas que oneram

---

[51]. SEITENFUS, R. *Relações internacionais*. Barueri: Manole, 2004.

o comércio entre os países membros. Neste caso, há uma margem de preferência que privilegia as transações comerciais intrabloco em detrimento daquelas realizadas com as demais nações.

A Zona de Livre Comércio, por sua vez, pressupõe a eliminação de todas as barreiras tarifárias e não tarifárias (com já vimos, fitossanitárias e sanitárias ou as denúncias de prática de *dumping*, vale dizer, a venda de bens abaixo de seu custo), que incidem sobre o comércio dos países do grupo, devendo abarcar ao menos 80% das mercadorias comercializadas entre as partes signatárias. Este processo se desenvolve por meio de uma liberalização gradual, cujo objetivo é atingir a tarifa zero para todas as mercadorias segundo um cronograma pré-estabelecido. Na ALALC, por exemplo, havia sido cogitado que as tarifas alfandegárias seriam reduzidas em 25% de cinco em cinco anos, consequentemente ao fim de vinte anos elas seriam zeradas.

O Regime de Origem, neste caso, é um mecanismo indispensável que permite determinar com precisão onde foi produzida a mercadoria em questão a fim de que as respectivas isenções sejam implementadas de maneira justa e bem-sucedida. No MERCOSUL, é considerado originário da região qualquer produto que tenha pelo menos 60% de valor agregado regional (Conselho Administrativo de Defesa Econômica). Há, como é comumente sabido, algumas exceções relativas aos produtos sensíveis, aos quais normalmente é concedido um tempo maior de adequação, tendo em vista os interesses particulares de cada país em protegê-los frente à ferrenha competição internacional.

Inicialmente o MERCOSUL surgiu como uma zona de livre comércio, posteriormente estabeleceu-se que seria o esboço de uma união aduaneira imperfeita, com a entrada em vigor da Tarifa Externa Comum (TEC), em 1º de janeiro de 1995. A TEC é um conjunto de tarifas que estabelece os direitos de importação para os membros do MERCOSUL com base numa nomenclatura comum.

O cumprimento da TEC impôs a todos os Estados membros que pratiquem as mesmas taxas de importação de um mesmo produto de um país fora do grupo, um fornecedor externo. A estrutura tarifária aprovada no MERCOSUL apresenta alíquotas crescentes de dois pontos percentuais de acordo com o grau de elaboração ao longo da cadeia produtiva. Sobre matérias-primas, 0 a 12%, bens de capital, 12 a 16% e bens de consumo, 18 a 20%. Sua aplicação implica a criação de um território aduaneiro comum entre os membros, que devem, a partir desse estágio, compartilhar políticas comerciais e alfandegárias semelhantes e acordarem determinados itens em matéria de legislação.

O Mercado Comum compreende, além de todos os aspectos acima mencionados, a livre circulação de bens, serviços públicos e privados, bem como fatores de produção, que reúnem pessoas, serviços e capitais. A meta do MERCOSUL foi, desde a sua formação, como a própria sigla designa o estabelecimento, no mais breve espaço de tempo possível, de um mercado comum. A realização completa desse projeto depende, porém, da resolução de inúmeros impasses, principalmente, de caráter institucional, a adequação aos procedimentos normativos do bloco, como é o caso da Venezuela, a superação das recorrentes crises econômicas, fundamentalmente na Argentina, como a de 2001 (só nesse ano a economia do país retrocedeu 10,7%, nível de uma nação em guerra), e a eliminação das assimetrias profundas existentes entre os dois sócios maiores, Brasil e Argentina (cuja participação no MERCOSUL é respectivamente da ordem de 69,1% e 28,4%), enquanto a dos menores Uruguai e Paraguai corresponde a 1,6% e 0,9%[52].

A quarta etapa, a mais avançada de um processo de integração, a que corresponde à União Econômica e Monetária ou

---

[52.] PECHT, 2000. Disponível em www.fundap.sp.gov.br. Acesso em 30 de julho de 2014).

ao Mercado Único, implica a existência de uma política monetária comum, o ajuste fino de toda a política macroeconômica e, em sua fase final, a criação de uma moeda única coexistindo ou não com as moedas nacionais e inclusive a criação de um Banco Central. A União Europeia (UE) é o único exemplo concreto da realização dessa etapa. Por isso ela é o modelo empregado na descrição de sua natureza intrínseca, não obstante ela resulte mais de um fazer atravessado por ajustes e acomodações que modificaram em grande medida a proposta inicialmente formulada por seus idealizadores.

Finalmente, podemos supor que existiria uma quinta etapa, a da União Política. Nesta, os países membros tendo constituído o Mercado Comum e a União Econômica e Monetária, se comprometem com uma política comum de relações externas, de defesa e de segurança. Ela seria implantada quando o conjunto dos países de um bloco passasse a operar como uma unidade plena, no âmbito da qual as políticas públicas seriam conduzidas de forma supranacional, sob a égide de uma estrutura legislativa, executiva e judiciária própria. Pode-se imaginar na fase final desse estágio do processo de integração uma tendência ao desaparecimento da distinção entre os países membros enquanto Estados nacionais e entidades autônomas, chegando-se a uma federação de natureza supranacional[53].

[53.] Ibidem.

As teorias de integração e os blocos econômicos

Vimos que o MERCOSUL nasce da aproximação entre o Brasil e a Argentina nos anos oitenta do século passado e tem como precursora direta e mais remota a ALALC, criada nos anos sessenta, que se apresenta como o exemplo mais sólido de tentativas de integração econômica na América Latina. A fim de entendermos melhor as características dos processos de integração, com vista a acompanhar o processo de formatação do MERCOSUL, serão examinadas as teorias integracionistas, algumas definições sobre regionalismo e blocos econômicos.

De acordo com Karl Deutsch, integrar significa aglutinar todas as partes previamente separadas e constituir um todo. É estabelecer uma relação entre as unidades que são mutuamente interdependentes e transformá-las em componentes de um novo sistema coerente[54].

Segundo a Teoria da Integração Econômica de autoria do economista húngaro Bela Balassa, sua modalidade econômica edifica-se enquanto processo e situação. O primeiro, em seu entender, reúne as ações voltadas para a eliminação de discriminações comerciais entre diferentes Estados, enquanto a segunda incorpora a suspensão dos diferentes tipos de

---

[54] GINESTA, J. *El MERCOSUR y su contexto regional e internacional.* Porto Alegre: Ed. UFRGS, 1999.

discriminação que afetam as relações comerciais[55]. Balassa assevera que projetos integracionistas promovem desenvolvimento econômico através do aumento do poder de negociação e da redução da vulnerabilidade externa dos países membros. Na esteira dessa teoria, à medida que a integração econômica se desenvolve, os entraves comerciais entre os países participantes desse processo tendem a se diluir.

A integração, em outro sentido, adquire corpo e legitimidade na literatura jurídica mediante os tratados internacionais e o Direito de Integração, que é uma matéria específica analisada pelo Direito Público Internacional (DIP). No entender de Larissa Basso, o Direito de Integração é uma resposta no campo jurídico ao intenso aumento das atividades do comércio internacional, facilitando os trâmites do comércio interno e externo, objetivando o desenvolvimento[56] (BASSO, 2007). Assim, o processo de integração econômico, político e social do Direito Internacional Público (DIP), basicamente dos Estados, no sentido de nações, busca regulamentar a formação de blocos como UE, MERCOSUL, NAFTA e outros. Essa área do Direito Internacional, o Direito de Integração, seria uma reação de caráter jurídico com vista a criar mecanismos de proteção e tutela conjunta dos Estados fundamentados no Direito, diante do aprofundamento do fenômeno da globalização.

Em torno dessa questão, Jacques Ginesta[57] reitera que quando falamos de integração, na atualidade, nos referimos àquela realizada pelos meios pacíficos e não pelas conquistas imperiais

---

[55.] BALASSA, B. *Teoria da integração econômica*. Lisboa: LCE, 1980.

[56.] BASSO, M. (org.). *MERCOSUL – MERCOSUR: estudos em homenagem a Fernando Henrique Cardoso*. São Paulo: Atlas, 2007.

[57.] GINESTA, J. *El MERCOSUR y su contexto regional e internacional*. Porto Alegre: Ed. UFRGS, 1999.

que predominaram no passado e que o conceito de integração já traz consigo o caráter regional. Assim sendo, a integração real e perfeita implica em diversas injunções como as territoriais, governamentais, sistemas de governo, aspectos econômicos e sociais. Atualmente, a economia é o item estratégico mais valorizado nos processos de integração, invocado pelos Estados que buscam aproximar-se a fim de ampliar seus laços comerciais.

3.2. Teoria política da integração

Na busca de explicações para o processo de integração, a ciência política é fonte de análises coerentes e muito elaboradas, embora não tenha, ainda, desvendado toda a complexidade do fenômeno. Ela tem apresentado alternativas inovadoras e, em geral, mostra-se menos enfática do que os teóricos da economia. Na esteira dessas considerações é que assume importância para o estudo desse fenômeno, que ganhou projeção após o segundo conflito mundial, a obra teórica do pensador alemão Ernest Haas[58], na qual são indicados os principais fatores que explicam a integração. Os estudos de Haas têm enorme relevância mormente porque ele reconhece que as motivações centrais invocadas na formulação de projetos integracionistas se situam no horizonte funcional dos acordos setoriais, como aquele do Carvão e do Aço, a partir do qual surgiu a Comunidade Europeia do Carvão e do Aço (CECA). Para ele, a integração europeia foi estruturada a partir:

[58.] HAAS, E. *The study of regional integration: reflections on the joys and agonies of pre-theorising*. Londres: International Organization, v. 24, nº 4, 1970.

"[...] da busca de mecanismos para solucionar conflitos de interesse entre Estados [que haviam sido inimigos em inúmeros conflitos desde o século XIX]; na aproximação, interação e o adensamento das relações entre os povos por meio das comunicações e dos meios de transporte; e ainda na tarefa de coordenar esforços e recursos para administrar o sentimento de vulnerabilidade e insegurança frente ao sistema internacional"[59].

Tal percepção, segundo Haas, promoveu várias escolas de integração política, como a funcionalista, a neofuncionalista, a integração regional e a supranacionalidade.

3.3. Escola funcionalista

Ela surgiu no período do entre guerras e teve David Mitrany como fundador, a partir de sua monografia *A Working Peace System*, de 1943. Bertrand Badie define Miltrany como um intelectual que:

[...] na busca pela construção de teorias de conjuntos regionais funcionais, almejava superar a rivalidade bélica dos Estados e construir um mundo de paz. O Estado cumprindo este objetivo passava a ser apenas um órgão institucional entre outros"[60].

O foco das análises de Mitrany convergiu na temática

---

[59] Ibidem.

[60] BADIE, B. "Da soberania à competência do Estado". In: *As novas relações internacionais – práticas e teorias*. SMOUTS, M. C. (org.). Brasília: Ed. UNB, 2004.

dos novos atores sociais, definidos como tecnocratas (pessoal burocrático que ocupa funções em organizações internacionais cuja tarefa essencial consistiria em criar as condições ideais para que os processos de integração pudessem se efetivar), cujas atribuições estariam limitadas, em inglês, à *low politics*, à baixa política. Estes funcionários, em geral de instituições especializadas em assuntos econômicos ou de outros temas de natureza técnica, desempenhariam uma atividade central, em função do aumento das demandas das instituições encarregadas de pôr em prática projetos que favoreceriam a estruturação do mercado comum ou da união regional em conjunto com os Estados-Nações.

Dessa maneira, os técnicos especialistas, sem nenhuma orientação ou posicionamento político ideológico, a denominada tecnocracia, atores mobilizados na criação de soluções pertinentes aos problemas de ordem técnico-econômica, no âmbito das instituições criadas com o escopo integracionista, a exemplo da Comunidade Econômica Europeia, assegurariam que as elites políticas, a *high politics* em inglês, a alta política, pudessem se dedicar aos temas mais importantes da esfera institucional.

Nas palavras de Monica Herz[61], Mitrany propunha:

> "[...] uma rede de organizações transnacionais, com base funcional, que podiam constranger até mesmo a política externa dos Estados e, em última instância, evitar uma guerra. Pela primeira vez, o autor [um teórico da via integracionista] estabelecia uma conexão clara entre cooperação funcional de setores produtivos e segurança internacional(...). Hábitos de cooperação seriam constituídos em áreas mais técnicas, na esfera econômica e social, nas quais o interesse comum pode emergir mais facilmente [...]".

Haas entendia, ao contrário das avaliações de Mitrany, que

[61.] HERZ, M. *Organizações internacionais: história e práticas*. Rio de Janeiro: Elsevier, 2004.

o distanciamento entre a *low politics* e a *high politics*, entre a administração dos problemas propostos aos técnicos e questões de alta política, cuja gestão caberia às elites, causaria ao longo do tempo uma falta de dinamismo. Neste sentido, Herz[62] ressalta que:

> "as críticas mais veementes á visão original de Mitrany apontam para a necessidade de politizar o debate: a separação entre política e cooperação funcional que fundamenta essa perspectiva não retrataria a realidade".

3.4. Escola neofuncionalista

Atravessada de ponta a ponta pela despolitização da tecnocracia dos organismos institucionais encarregados de incrementar os processos associativos, a escola funcionalista sofre, como vimos, duras críticas do pensador alemão Ernest Haas, que propõe, ao contrário, a politização dos atores técnicos e dos projetos de integração. De acordo com Haas[63], a politização tanto daqueles quanto destes ocorre mediante três modalidades organizacionais diferentes. A primeira seria a institucionalidade assentada na existência de órgãos supranacionais, enquanto instrumentos para a construção e consolidação do interesse comum e em instituições intergovernamentais com poder decisório. A segunda, a funcio-

---

[62.] Ibidem.

[63.] HAAS, E. *The study of regional integration: reflections on the joys and agonies of pre-theorising*. Londres: International Organization, v. 24, nº 4, 1970.

nalidade, que consiste na criação de uma cultura de interesses comuns, através da qual diminuem gradativamente as tarefas autônomas, mediante resoluções que impliquem métodos destinados a estimular a integração de forma mais rápida e profunda (maximizando o transbordamento, o *spill over*, a transferência da área técnica para a política). O exemplo mais evidente de *spill over* é a passagem no processo de integração europeu da formação da Comunidade Econômica Europeia do Carvão e do Aço, a CECA, para a Comunidade Econômica Europeia, a CEE. Por fim, a terceira modalidade é a ambientação que produz a integração dos espaços de maneira homogênea, impedindo que sejam privilegiados determinados setores sociais ou regiões.

Além disso, como bem salienta Haas, funcionalistas e neofuncionalistas divergem sob um aspecto fundamental; enquanto os primeiros elegem as agências funcionais internacionais e seu s*taff* como atores centrais do processo de integração, os segundos privilegiam os sindicatos, as associações comerciais, partidos políticos e burocracias supranacionais. Por outro lado, a crescente interdependência, da qual também os funcionalistas partem, gera maior integração, constatam os neofuncionalistas. E os processos decisórios graduais, bem como as demandas dos atores mencionados, no entender, ainda, da escola neofuncionalista, produzem transferência de autoridade para instâncias supranacionais resultando em um tipo de consenso encontrado em sistemas políticos domésticos.

3.5 Teoria de integração regional

O estudo, sob os princípios doutrinários da integração regional, já nos primeiros ensaios teóricos empreendidos na área econômica, revela o papel e a importância das instituições no transcurso dos processos de integração. Haas os delimitou como *hard integration*, integração efetiva ou *light integration*, integração superficial, leve; ou seja, o nível de aprofundamento da integração mensurado segundo dimensões que refletem a vontade política dos atores.

E tal vontade depende muito, sem dúvida, da construção de um arcabouço jurídico institucional ou uma articulação de instrumentos legais, capaz de consolidar interesses comuns e criar uma cultura organizacional que impulsione a *hard integration*.

Viotti & Krauppi são elucidativos ao salientarem que a incorporação de novos atores no cenário internacional retirou do Estado a condição de ator racional e onipotente da formulação de estratégias de gerenciamento das informações subjacentes ao campo das políticas públicas. O processo decisório, em virtude da perda da centralidade do Estado, sofre uma profunda pressão dos grupos de interesse que compõem o complexo sistema social resultante da terceira e quarta onda globalizante[64].

Logo, a dinâmica comportamental do Estado-Nação, embora este tenha, em confronto com o passado, perdido peso e importância a expensas do Estado-Região no transcurso dos processos de integração, com o surgimento de novos atores e com as normas supranacionais adotadas no âmbito, por exemplo, da UE, bem como em decorrência da formação de empresas trans e multinacionais, OIs, ONGs, sindicatos classistas, acordos de atores subnacionais (como entre prefeituras, no contexto da

---

[64.] VIOTTI & KAUPPI. *International Relations theory; Realism, Pluralism, and Globalism*. Nova York: Macmillan, 1993.

paradiplomacia), continua mantendo um caráter estratégico e central. Tal atribuição estatal manifesta-se em ações cujo objetivo é minimizar os conflitos entre os diversos atores e atender novas agendas como: o desenvolvimento sustentável, direitos humanos, inclusão social e outras mais.

> "Esta nova ordem participativa põe à prova a esfera de atuação do Estado e, consequentemente, os processos de integração adotados pelos próprios Estados[65]".

3.6. Supranacionalidade

A noção de supranacionalidade não pertence à ciência jurídica ou à ciência política, com exclusividade, e justamente por ser resultado das duas, sua rigorosa conceituação torna-se difícil.

O jurista Celso de Albuquerque Mello entende que:

> "Só o fator político pode explicar a existência das normas jurídicas, bem como a relatividade existente na sua aplicação. A Política está acima do Direito. A justiça e a segurança também pertencem à Política. O Direito é um simples instrumento de poder. O Direito tem, em consequência, sempre um conteúdo ideológico[66]".

Estas ponderações sobre a natureza política do Direito e a preponderância desta sobre aquele nos permitem examinar

---

[65] VASCONCELOS, H. C. S. *A institucionalidade do MERCOSUL: impasses e oportunidades das estruturas intergovernamentais e supranacionais*. Brasília: Ed. da UNB, 1999.

[66] MELLO, C. A. de. *Direito internacional da integração*. Rio de Janeiro: Renovar, 1996.

o contexto no qual está inserida, e adquire sentido a noção de supranacionalidade, que, como vimos acima, reúne ao mesmo tempo o saber jurídico e o político. Assim sendo, a supranacionalidade, que provoca debates acalorados, expressa:

> "[...] um poder de competência superior aos Estados, resultado da necessidade de transferência de parcelas de suas soberanias e, a não menos importante normatização do poder comunitário sobre os sistemas jurídicos nacionais"[67].

Logo, a noção de supranacionalidade vem imbuída de certas características como:
a) a delegação, ainda que provisória de soberania por parte de Estados membros de um processo de integração;
b) a independência das instituições comunitárias frente aos Estados membros;
c) a existência de relações diretas entre as instituições comunitárias e as particulares.

Isto tudo exige a articulação de um poder efetivo, em virtude da força jurídica que o processo de tomada de decisões abriga e sua intervenção tanto em relação às atividades desenvolvidas como sobre os destinatários dessas.

Alguns autores vão mais longe, defendendo o *point of no return*:

> "para além do qual um Estado soberano deixa de ser, assumindo o estatuto de membro de uma organização federal[68]".

---

[67]. KERBER, G. *MERCOSUL e supranacionalidade.* São Paulo: LTr, 2001.

[68]. MOTA, J. C. de. *A União Europeia servidouro das soberanias nacionais? A compatibilidade da soberania nacional com a qualidade de Estado membro da União Europeia.* Lisboa: Instituto Superior de Ciências Sociais e Políticas, 1995.

Esse estágio complementaria as quatro características da supranacionalidade comunitária da UE elencadas por Patrícia Kegel:

> "[...] a aplicabilidade imediata das normas comunitárias, a capacidade de interferência direta dos organismos comunitários na estrutura jurídica interna dos Estados membros, a desistência do uso do controle da constitucionalidade e a adequação de normas comunitárias às normas constitucionais nacionais. [...][69]".

O exemplo emblemático citado por Kegel foi a decisão do Supremo Tribunal Federal Alemão, que estabeleceu a renúncia ao controle da constitucionalidade, assegurando à norma comunitária o status de legítima, de acordo com a sentença de 22/10/1986; uma clara demonstração do princípio de encurtamento da soberania interna de um Estado membro da UE.

3.7 Integração e soberania

Desponta na atualidade, como viemos dizendo, um processo de transformação no padrão de relacionamento entre as economias, fenômeno este da formação de grandes blocos econômicos, que refletem as dificuldades inerentes à passagem de um esquema de

---

[69] KEGEL, P. Soberania e Supranacionalidade dos Estados membros da UE: "o point of no return" da integração regional. In: *Direito da Integração*. PIMENTEL, L, O. (Org.), v. II. Curitiba: JURUÁ, 2001.

poder mundial pautado nos Estados-Nações monolíticos e únicos a outro configurado pela integração destes.

Para os países que de alguma forma já estão integrados em blocos (União Europeia, UE, Mercado Comum do Sul, MERCOSUL, Acordo de Livre Comércio da América do Norte, NAFTA, Cooperação Econômica para Ásia e Pacífico, APEC, e nos últimos tempos a Aliança do Pacífico e do Atlântico), a variável relevante é a modalidade de inserção de cada um dos Estados-Parte no interior de cada bloco e seu menor ou maior grau de integração.

Tal fenômeno de transformação do contexto mundial merece uma avaliação mais cuidadosa a respeito desse processo de aproximação entre aqueles que são considerados, ainda hoje em dia, pelas relações internacionais e pela política externa, como os principais atores internacionais: os Estados. Faz-se necessário examinar, portanto, no âmbito da dinâmica integracionista e da globalização ou mundialização em curso a constituição de Estados-regiões. E, concomitantemente, frente aos novos regimes transnacionais, principalmente no que tange à criação de sistemas que, mormente, fortalecem os interesses de atores como as corporações, o capital, a comunicação e os consumidores, os quatro "Cs", o papel que passou a ser desempenhado por atores menores e pelos próprios Estados-Nações[70].

Os ritmos e os avanços alcançados nos processos de integração nos colocam diante da criação de normas e instâncias de controle, fiscalização e deliberação supranacionais. É em torno desse processo, que na atualidade assume um pujante desdobramento, que se insere o debate contemporâneo entre integração regional competitiva — sua inserção global — e o problema da soberania nacional, obviamente fugindo de reducionismos, afinal como salienta Saskia Sassen:

[70.] OHMAE, K. *O fim do Estado-Nação*. Rio de Janeiro: Campus, São Paulo: Publifolha, 1999.

"Discussões que caracterizam o Estado nacional simplesmente como derrotado não conseguem captar a dimensão extremamente importante da nova geografia dos processos econômicos globais, reduzindo, portanto, o que está acontecendo à mera função da dualidade global-nacional. [...][71]".

Atualmente, em tempos de persistente e ampla globalização e de predomínio do paradigma interdependentista dos Estados--Parte, nas análises de temáticas remetidas ao ramo do conhecimento intrínseco, as relações internacionais, a busca por novos mercados e novas formas de incremento produtivo têm levado o aparato estatal e suas instituições a repensar conceitos e noções que forjaram a concepção de Estado moderno.

A soberania é um desses pressupostos colocados em discussão no seio do sistema internacional em constante mutação, na medida em que desponta o fenômeno da integração de tendência econômico-comercial, que subverte sua definição clássica; qual seja:

"[...] poder supremo (*suprema potestas*), que é o mais alto em relação aos indivíduos e independente em relação aos demais Estados[72] [...]".

Examinando, pois, novas teorias como a de sobre-soberania ou supra-soberania, percebe-se que elas têm origem na proposta da delegação de uma parcela da soberania dos Estados-Parte a um ou mais ente comunitário (vinculado a blocos econômicos, organizações supranacionais, etc.), para que estes não falem só

---

[71] SASSEN, S. *Território e territorialidade na economia global*. In: Globalização e identidade nacional, RODRIGUES, J. (org.) São Paulo: Atlas, 1999.

[72] AZAMBUJA, D. *Teoria geral do Estado*. Porto Alegre: Globo, 1973.

em seu nome, mas que tal prerrogativa caiba ao grupo de nações constitutivas da comunidade, da qual eles são parte componente[73].

O território figura como limite jurisdicional da soberania, o que equivale dizer que à medida que este território se modifica diretamente, mediante alterações físicas, ou indiretamente, segundo graus de integração, ele afeta o próprio conceito de Estado-Nação, especificamente no que concerne a soberania. Nesse sentido, a integração de mercados e a junção de estruturas empresariais vão condicionando a capacidade de coordenação econômica e a articulação política dos Estados, comprometendo, por conseguinte, o pressuposto de um poder supremo circunscrito às próprias competências. Em função disso, ganha relevância na atualidade a concepção de "limitação" da soberania, em consonância aos processos de integração econômica verificados, com mais intensidade, após a Segunda Guerra Mundial e as mudanças no *modus vivendi* mundial, gerada pelo processo de internacionalização dos mecanismos de integração, bem como a tendência de tornar, no bojo da globalização, a soberania uma instância que suscita acalorados debates.

Sob essa ótica, a integração regional na América Latina, com base no exemplo do MERCOSUL, e a soberania nacional podem conviver ou devem ser separadas? Afinal, quando nos debruçamos sobre a natureza do MERCOSUL, sua estrutura de poder, instâncias de tomada de decisões e consulta, emergem, como já foi mencionado, a noção de soberania, as prerrogativas e as tarefas do Estado-Nação, diante dos desafios que o processo de integração impõe.

Afinal, é necessário refletir sobre o conceito de soberania e o poder incontrastável do Estado-Nação em face de um processo

---

[73.] CHIARELLI, C. A. G. *Temas de integração com enfoque no MERCOSUL*. São Paulo: LTr, 1997.

O Mercosul

de integração econômica social e política, que desencadeia a extraterritorialidade da produção e a transferência dos centros de decisão para o campo internacional em detrimento do poder estatal e de sua soberania, a exemplo do G8+1 (o grupo dos países mais desenvolvidos mais a Rússia), a Organização Mundial do Comércio (OMC), a Organização das Nações Unidas (ONU), o G 20 de perfil financeiro e outras OIs. Sempre lembrando, como bem salienta Milton Santos, que:

> "[...] a cessão de soberania não é algo natural, inelutável, automático, pois depende da forma como o governo de cada país decide fazer sua inserção no mundo da chamada globalização[74][...]".

---

[74] SANTOS, M. *Por uma outra globalização: do pensamento único à consciência universal*. Rio de Janeiro: Record, 2002.

4 Integração assimétrica: o caso do Uruguai no MERCOSUL

As mudanças do sistema internacional no pós-guerra fria (1991) alteraram a condução das políticas tanto internas quanto externas dos países latino-americanos. Desde então, percebeu-se nas relações exteriores destes países uma alteração no paradigma vigente e, como resposta adaptativa às mudanças do sistema internacional, Argentina e Brasil selaram, graças à existência da ALADI, uma série de acordos bilaterais que confluiu na criação do Mercado Comum do Sul (MERCOSUL), que mais tarde incorporou Paraguai e Uruguai.

Assim, o fim da ordem bipolar no sistema mundial aparentava ensejar uma uniformidade ideológica, política, econômica e estratégica, na qual os países latino-americanos não estavam afinados e, claramente, não percebiam que poderiam aí se inserir. Esta percepção colaborou, junto com outros fatores (como a recessão econômica decorrente de elevadas taxas de inflação, aumento contínuo da dívida externa, inoperância e instabilidade das instituições estatais centralizadoras e baixíssimos indicadores sociais), para a mudança do paradigma nacional desenvolvimentista, que desde a década de trinta do século passado orientava a política externa da maioria dos países da América Latina, para outro que muitos autores denominaram neoliberal ou do Estado normal. Tal substituição de paradigma

O Mercosul

deu início a um novo modelo de integração no Cone Sul do continente americano, na região da bacia do Rio da Prata onde se situam Argentina, Brasil, Paraguai e Uruguai.

Com isso, não estamos afirmando que a troca de paradigma tenha sido responsável pelo processo de integração iniciado entre estes países, visto que as primeiras concretas iniciativas de integração econômica tiveram lugar, a exemplo da ALALC, durante a vigência do nacional desenvolvimentismo. Apesar disso, com o advento do neoliberalismo ou a vigência do Estado normal ou menor emerge um modelo inovador de integração, diferente daquele anterior centrado essencialmente na atividade produtiva industrial enquanto variável dependente da substituição das importações, que se estendeu da década de trinta até a de oitenta do século passado.

A transição de paradigmas requereu profundas reformas nos sistemas econômicos, políticos e jurídicos nacionais forjados ao longo de sessenta anos de história.

A entrada do Uruguai no MERCOSUL gerou um debate em torno das assimetrias.

Segundo Alcides Costa Vaz, citando Luís Amado Cervo:

> "[...] introduziu-se a visão de um modelo harmônico, global, que compreendia a valorização do individualismo e da iniciativa privada, do mercado mundial e da transferência dos ativos nacionais para as empresas oligopólicas globais, em nome da elevação da produtividade"[75].

Como resposta adaptativa às transformações que vinham se processando no campo da economia e da política internacional, Argentina e Brasil decidiram intensificar o processo de integração bilateral iniciado na década de oitenta, mediante os doze protocolos assinados entre o presidente Raúl Alfonsín (Argentina) e José Sarney (Brasil), na cidade de Buenos Aires em 1985. Este aprofundamento foi embasado na convergência de interesses que os dois países possuíam, tais como:
1) "redefinir a inserção internacional através da maximização de oportunidades comerciais, acesso privilegiado a mercados e aumento da capacidade de negociação diante dos países desenvolvidos e foros multilaterais;
2) reformar suas estruturas econômicas e produtivas, segundo a orientação liberal[76]".

O processo ganhou uma dimensão multilateral quando o Uruguai mudou sua postura diante dos acordos estabelecidos entre o Brasil e a Argentina. Desde 1986, ano em que se deu a assinatura dos primeiros protocolos bilaterais, até 1990, este país

---

[75]. CERVO, A. L. *Relações internacionais da América Latina: velhos e novos paradigmas.* São Paulo: Saraiva, 2007.

[76]. VAZ, A. C. *Cooperação, integração e processo negociador: a construção do MERCOSUL.* Brasília: IBRI, 2002.

participou das reuniões entre os sócios maiores do MERCOSUL, ora como observador ora parcialmente opinando sobre alguns protocolos setoriais.

Para Alcides Costa Vaz, a adesão formal do Uruguai por meio dos instrumentos jurídicos convencionais aos tratados internacionais entre seus dois vizinhos:

> "[...] tinha por objetivo garantir juridicamente direitos e interesses diante de seus sócios maiores. [...]"[77].

Esta adesão ocorreu em 1º de agosto de 1990, numa reunião realizada em Brasília com a presença dos chanceleres, ministros da Economia e Relações Exteriores da Argentina, Brasil, Chile e Uruguai, quando seus representantes solicitaram formalmente sua incorporação ao processo de integração bilateral argentino-brasileiro, mas só se concretizou plenamente em setembro daquele ano. Ainda em 1990, a convite de Argentina e Brasil, o Paraguai aderiu a esta iniciativa.

Apesar de formalizada a adesão dos dois países menores ao processo de integração, ela demorou a ocorrer porque:

> "[...] a avaliação era de que a diferença em termos de desenvolvimento relativo tornava contraproducente, para o Brasil, a incorporação do Uruguai e do Paraguai"[78].

O que fez o Brasil mudar de posição talvez tenha sido vislumbrar ganhos nas negociações nos foros multilaterais, caso estivesse integrado a um número maior de parceiros. Já para a Argentina a incorporação do Uruguai e do Paraguai se mostrava

---

[77.] Ibidem.

[78.] Ibidem.

positiva, pois diminuía o peso relativo do Brasil na condução dos processos decisórios, e obrigava este último a se ajustar à presença uruguaia e paraguaia, aumentando, assim, a capacidade de barganha dos argentinos diante do sócio maior.

Argentina e Brasil possuíam interesses distintos daqueles do Uruguai e do Paraguai no âmbito do processo de integração, pois enquanto os uruguaios buscavam o acesso seguro de seus produtos no mercado dos sócios maiores do MERCOSUL, os paraguaios almejavam sair do isolamento político-regional resultante dos vinte anos de governo autoritário do general Alfredo Stroessner Matiauda (1954-1989). Estas e outras diferenças fizeram com que o processo negociador fosse alterado e, como medida compensatória para as enormes assimetrias que tal união acolhia, foi criada uma regra de consenso como critério fundamental para a tomada de decisões entre os membros do bloco. A evolução gradual do processo de associação ao MERCOSUL procurou harmonizar e preservar alguns interesses de cada país, pois:

> "[...] sob a ótica dos dois sócios menores, o preço a pagar pela incorporação ao processo de integração sub-regional era a exposição à competição econômica, à submissão de uma disciplina comercial comum e à sistemática desgravação linear e automática com margens muito estritas de tratamento diferenciado"[...]"[79].

Diante desses fatos, Vaz afirma ainda que:

> "[...] a expansão multilateral do [Cone Sul] respondeu mais a injunções e interesses políticos que a considerações de ordem econômica ou afeitas à dinâmica do próprio processo de integração. [...]"[80].

---

[79] VAZ, A. C. *Cooperação, integração e processo negociador: a construção do MERCOSUL*. Brasília: IBRI, 2002.

[80] Ibidem.

Ou seja, levando em consideração as peculiaridades da economia paraguaia e uruguaia — que tiveram concessões excepcionais no que respeita ao grande número de produtos fora do programa de desgravação tarifária, e aos prazos para seu cumprimento — desde o início do processo de integração se percebe claramente a existência de grandes assimetrias entre os países membros do bloco.

Em 26 de março de 1991, os chefes de Estado da Argentina, Brasil, Paraguai e Uruguai, reunidos na cidade de Assunção no Paraguai, assinaram um tratado que culminou com o processo de integração e cooperação econômica iniciado em 1985. Este acordo foi denominado Tratado de Assunção, que definiu a constituição do MERCOSUL. Apesar das diferenças existentes quanto aos interesses de cada membro na formação do Mercado Comum, estes quatro países enxergaram e confirmaram, no Tratado de Assunção, a crença de que seria viável, mediante a integração, que fossem alcançados os objetivos de criá-lo.

Quinze anos após a assinatura do Tratado de Assunção, o Uruguai manifestou seu desapontamento com os parcos benefícios auferidos com o MERCOSUL e iniciou no ano de 2006 uma série de negociações com os Estados Unidos visando a criação de um acordo de livre comércio.

A principal justificativa para esta iniciativa do governo uruguaio foi o "grave bilateralismo" que preponderava entre os membros do MERCOSUL, uma vez que a intensificação da atividade comercial argentino-brasileira vinha prejudicando os Estados menores (declaração do ministro de Comércio do Uruguai, senhor Danilo Astori, em entrevista ao jornal britânico Financial Times de 23/03/2006). Tanto para o Uruguai quanto para o Paraguai, o MERCOSUL albergava assimetrias que desde a sua fundação não foram minimizadas. E ademais, os sócios menores do MERCOSUL alegavam que desde o Tratado de Assunção haviam sido formuladas algumas propostas genéricas para superar tais evidentes descompassos e acanhadas iniciativas concretas.

Alguns jornais do Uruguai chegaram a noticiar, em 2007, que o governo desse país lançaria a proposta de um recuo do MERCOSUL à simples Zona de Livre Comércio. A notícia foi severamente criticada pelo ministro das Relações Exteriores do Brasil, Celso Amorim, que considerou impossível a permanência do Uruguai no bloco, caso continuasse com projetos bilaterais com os Estados Unidos e incentivasse a retrocessão do bloco ao primeiro estágio do processo de integração.

Em março de 2007, o presidente dos Estados Unidos, George W. Bush, visitou o Uruguai e se reuniu com o presidente uruguaio, Tabaré Vasquez (2005-2010), com o propósito de dar continuidade ao acordo comercial entre os dois países. Especulava-se à época que este seria, na realidade, o início de um Tratado de Livre Comércio (TLC) entre os dois países. Para alguns analistas, era a melhor oportunidade que o Uruguai tinha de aumentar suas exportações para aquele país e de chamar a atenção do bloco do qual fazia parte. De fato, aproveitando a situação, o presidente Vasquez apontou a lentidão que ostentava, até então, o processo de integração "a falta de atenção dos "países grandes" às desvantagens e debilidades relativas do Paraguai e Uruguai que caracterizam o bloco desde sua criação em 1991". E pediu aos membros do MERCOSUL uma agenda concreta que eliminasse suas profundas desigualdades.

Em função das alegações do Uruguai de que ele e o Paraguai eram os membros menos beneficiados no MERCOSUL, e o fato de o Tratado de Assunção impedir que os países que compõem o bloco pudessem desenvolver acordos bilaterais ou de livre comércio com os Estados extrabloco, sem o aval consensual de todos, cabe aqui levantar as seguintes questões:

O Mercosul

a) é possível uma integração (não *pro forme*, mas de fato), que não tenha paralelo com aquela europeia, entre países tão assimétricos como no caso dos membros do MERCOSUL?;

b) a não correção das assimetrias do MERCOSUL podem agravar a crise de integração que hoje ele enfrenta? De que forma corrigi-las?;

c) quais as vantagens e as desvantagens de um país pequeno inserir-se num bloco econômico em que ele será a ponta assimétrica?;

d) em que medida a inserção de um país que participa apenas com 1,6% do MERCOSUL contribuirá para seu próprio desenvolvimento e para a integração do bloco?

5

A Petrobras no processo de integração do setor energético sul-americano

Nos últimos anos, ocorreu um crescimento significativo das reservas energéticas na América do Sul, principalmente no Brasil e Bolívia, resultado do aumento do investimento em exploração, particularmente de gás natural, que vem adquirindo maior importância entre os países sul-americanos. No caso do Brasil, isto se deu por conta do redirecionamento na estratégia de exploração, desenvolvimento da tecnologia de prospecção de jazidas de petróleo nos oceanos, a grandes profundidades, como o pré-sal e a produção da Petrobras, que passou a valorizar as descobertas de novas fontes energéticas como a bioenergia.

O incremento de reservas está associado, principalmente, à expansão do consumo industrial, à implantação de plantas industriais de gás natural liquefeito (GNL) (gás natural resfriado a temperaturas inferiores a 160ºC para fins de transferência e de estocagem como líquido), a projetos de usinas térmicas a gás natural; e à expansão geométrica da frota de veículos movidos a gás natural veicular (GNV) (mistura combustível gasoso tipicamente proveniente do gás natural e biogás, destinada ao uso veicular e cujo componente principal é o metano), que vem sendo incentivado na Argentina e no Brasil.

Com a inclusão em novos segmentos do setor energético, a Petrobras pôde multiplicar seu raio de atuação, o que, de certa maneira, foi fundamental para que a empresa ingressasse no mercado sul-americano como um organismo de integração entre pólos energéticos, uma vez que a questão da distribuição dos recursos, principalmente do gás natural e seus derivados, fundamenta toda a base de discussões para o projeto do anel energético da região.

Em função da necessidade da contínua procura de fontes energéticas alternativas e mais baratas que o petróleo e o desenvolvimento de tecnologias que barateiam a exploração, a distribuição de consumo de gás no mundo como fonte primária de energia aumentou de forma constante ao longo da última década. Na América do Sul, até recentemente, a utilização desta fonte de energia estava abaixo da média mundial, mas a região vem se destacando como um dos mercados consumidores mais dinâmicos e de maior crescimento do mundo (OECD/IEA, 2013).

Adicionalmente aos ativos que foram adquiridos na Argentina, a Petrobras comprou direitos de exploração e produção petrolífera na Bolívia, Venezuela e no Peru, além da associação com a empresa estatal uruguaia na distribuição de gás natural.

As ações da Petrobras na Bolívia iniciadas em 1996 sempre estiveram marcadas pelos altos investimentos na exploração de

Petrobras e o projeto do anel energético.

recursos naturais do país, particularmente na criação do gasoduto Brasil-Bolívia entre 1997-2000. Com isso, estabeleceu-se um fluxo de integração da produção boliviana para o mercado consumidor do Brasil. A Petrobras Bolívia logo se tornou a principal empresa boliviana, gerenciando toda a cadeia produtiva e comercial de gás natural: a produção, a compra e a venda.

Porém, a Bolívia passou por sérias turbulências políticas associadas à exploração de suas reservas de hidrocarbonetos, na primeira metade de 2006. A mudança no quadro político do país em 2006 com a eleição do líder sindical do setor cocaleiro, Evo Morales, para a presidência, fortalecendo a proposta de integração soberana entre os povos e a consequente nacionalização do setor petrolífero, decretada em 1º de maio de 2006, colocou em debate o modelo de exploração das reservas de petróleo e gás natural boliviano, adotado nos quadros das reformas neoliberais da década de noventa.

Por sua vez, a participação da Petrobras na Venezuela — oitava reserva de gás natural do mundo, boa parte da qual ainda não explorada — ainda está restrita a poucos campos de exploração e produção no norte do país, em decorrência da importância que a estatal petrolífera venezuelana PDVSA possui para o governo venezuelano e a política fechada que este desenvolve no âmbito da gestão dos recursos naturais. Estima-se que as reservas de gás venezuelano são suficientes para abastecer a América do Sul e o Caribe por mais de um século[81].

Desconsiderando as especificidades dos países, pode-se afirmar que a América do Sul produz, atualmente, mais gás natural do que precisaria para abastecer a região. Não obstante esta situação, aparentemente confortável, há um grande distanciamento

---

[81]. REAL, R. V. *Estratégias das empresas de gás natural no Cone Sul*. Rio de Janeiro: IE/UFRJ, 2006.

regional entre os maiores produtores potenciais e os maiores consumidores[82].

A grande dimensão de negócios e gestão dos recursos que a Petrobras adquiriu no Uruguai, Equador, Colômbia e Paraguai, este último visto como estratégico por estar localizado em uma posição central do subcontinente, entre Brasil, Argentina e Bolívia, justifica a importância da companhia no setor energético sul-americano.

O desenvolvimento da marca Petrobras, apoiada em um marketing empresarial forte na região por meio da utilização nos postos de seu logotipo, o patrocínio de eventos relacionados a esportes e a causas sociais, além da utilização e comercialização de produtos com a marca da companhia, facilitou a entrada da empresa nos países sul-americanos.

De certo modo, na medida em que atua em todos os mercados dos países da região, a Petrobras procura ampliar a produção e o comércio entre as nações do subcontinente, aumentando a rentabilidade dos negócios, habilitando-se, assim, a participar, enquanto empresa energética estratégica e órgão do denominado Estado logístico, das discussões em torno da associação energética, que consolidam processos de integração como o MERCOSUL[83].

---

[82] SANTOS, E. (org.). *Gás natural: estratégia para uma energia nova no Brasil*. São Paulo: Annablume FAPESP/PETROBRAS, 2002.

[83] CERVO, A. L. *Relações internacionais da América Latina: velhos e novos paradigmas*. São Paulo: Saraiva, 2007.

5.2 O processo de integração energética na América do Sul

As iniciativas para se implantar um anel energético na América do Sul se caracterizam por ser uma resposta imediata e regional para o problema energético e adquirem relevância especial devido aos constantes questionamentos sobre a competência do MERCOSUL.

As discussões envolvendo a integração do subcontinente ganham força num momento em que os governos nacionais atravessam crises no setor energético. E, em âmbito nacional, o empreendimento se torna necessário, já que implica uma importante retomada de investimentos em um setor crucial para o desenvolvimento econômico, uma vez que é observada, nos países membros do MERCOSUL, certa ausência de investimentos na infraestrutura. O projeto tem relevância, além disso, pois assegura, em cenários de elevação dos preços do petróleo (muito embora ultimamente ocorra uma queda destes no mercado internacional em função da autossuficiência norte-americana decorrente da produção petrolífera de xisto) e apesar do projeto do pré-sal brasileiro, a diversificação das matrizes energéticas nos países da América do Sul, especialmente Brasil, Uruguai e Chile.

Do mesmo modo, a importância da integração sul-americana se torna uma realidade plausível, na medida em que fomenta a ampliação do potencial de crescimento econômico dessas economias, diminuindo riscos e vulnerabilidades:

"[...] "O aprofundamento da integração regional de países latino-americanos emerge como contrapeso possível à univocidade de diretrizes, normalmente constatada na política internacional. [...][84]".

Desde 2005, inúmeros debates sobre a elaboração de um projeto para a criação de um gasoduto do sul foram incentivados na Argentina, Brasil, Bolívia, Chile, Paraguai, Peru e Uruguai. A proposta da criação, por conseguinte, de um anel energético torna-se um projeto ambicioso para todo esse entorno, uma vez que demanda um investimento de mais de US$ 2,5 bilhões e um acordo bem costurado sobre as normas a serem seguidas ao percorrer o caminho sinuoso da integração regional, porquanto o problema energético atual não ocorre por falta de reservas, mas é, sim, resultante de um déficit de regulação e de infraestrutura. No caso do gás, a exigência por regras claras tem um peso ainda maior em função de algumas particularidades: o gás não pode ser armazenado com a mesma facilidade do petróleo e necessita de um aparato infraestrutural mais sofisticado e caro. Nesses termos, os contratos de fornecimento são geralmente concluídos antes do início dos investimentos e, por conseguinte, os aspectos de caráter regulatório, legais, fiscais e institucionais devem ser muito bem formulados.

Destarte, decorre dessa situação um forte incentivo a obras de integração física alicerçadas em pesados investimentos no setor da infraestrutura, principalmente no setor de transportes, telecomunicações e energia, que assume uma importância vital para o desenvolvimento do processo de integração na região.

Deve-se atentar, por outro lado, para a centralidade das transnacionais no desenvolvimento desse processo de

---

[84] SILVA, F. C. T. *Mundo latino e mundialização*. In: COSTA, D. (org.). Rio de Janeiro: Mauad, 2004.

integração energética, uma vez que a elaboração desses projetos e a implementação dos acordos, além de ser financiada pelo Banco Multilateral de Desenvolvimento do Sul, a Integração da Infraestrutura Regional Sul-Americana (IIRSA), recebe a chancela das empresas regionais latino-americanas, particularmente das indústrias estatais do setor petroquímico da Venezuela e do Brasil, respectivamente a PDVSA e a Petrobras, juntamente com os bancos nacionais de desenvolvimento, o venezuelano BANDES e o brasileiro BNDES.

Atualmente, a malha de gasodutos na América do Sul está em um nível bastante incipiente, uma vez que as conexões através de dutos de circulação de gás natural se circunscrevem às rotas Bolívia-Brasil, além de Argentina com Uruguai e Chile, sendo excluídos desse sistema tanto o Peru quanto o Paraguai, isso porque as ligações energéticas que temos na atualidade são binacionais, como a GASBOL entre Argentina e Uruguai. Dessa forma, a integração regional física, uma vez que for incentivada, resultará em uma situação de interdependência inédita entre os países da América do Sul.

O empreendimento pressupõe a construção de um duto com aproximadamente 1.200 quilômetros desde o porto peruano de Pisco até Tocopilla no Chile, conectando-se à rede já existente no Cone Sul. O que seria de fundamental importância, pois forneceria o gás peruano a partir das reservas de Camiseta e o boliviano aos países envolvidos, garantindo ao Chile a entrada de gás natural no país.

Estudos estratégicos, entretanto, que simulam cenários futuros da região, apontam que esse projeto só seria rentável se houvesse a participação da Venezuela, mormente porque as particularidades dos países reservam reduzida contribuição no volume de gás envolvido no anel energético, como é o caso do Peru. Estudos da Petrobras estimam que as reservas peruanas de

Camiseta e Pagoreni, da ordem de 11 milhões de m³, não são suficientes para abastecer a demanda dos países da região[85].

Assim sendo, a entrada venezuelana no anel energético sul-americano tornaria o projeto ainda mais ousado, com um gasoduto ligando as ricas reservas da Venezuela ao promissor mercado do sul do continente. Tratando-se de um projeto de integração de cadeias de transporte, o gasoduto, que partiria da cidade venezuelana de Puerto Ordaz até Manaus, se dividiria em dois ramos, um até o Nordeste brasileiro e outro até Brasília e Rio de Janeiro, para depois seguir até o Uruguai e a Argentina.

Em janeiro de 2006, em uma reunião realizada em Caracas, estimou-se que o projeto custaria de US$ 7 bilhões a US$ 25 bilhões, e que a administração do gasoduto seria conferida a uma empresa regional, a Gas Del Sur, formada pela Petrobras, a estatal argentina Enarsa e a venezuelana PDSA. Por outro lado, o Banco Internacional de Desenvolvimento (BID) ou o Banco Mundial (BM) e alguns países da região defendem a parceria com a iniciativa privada, em um contexto no qual um claro marco regulatório seria definido.

As normas, contudo, sobre as quais o empreendimento deve-se pautar para que possa se desenvolver e expandir, assim como os investimentos e o financiamento, ainda não se encontram definidos. Tal situação evidencia a adoção de estratégias ainda não coordenadas e a ausência de um planejamento integrado.

Outro grande desafio consiste na superação da instabilidade política, de desavenças oriundas de conflitos históricos, assimetrias e descompassos gerados em função de realidades sociais e econômicas diversificadas e a falta de segurança jurídica. A Bolívia, detentora da segunda maior reserva de gás natural da

---

[85.] KOZULJ, R. *La industria y el gás natural em America del Sur; situación y posibilidades de la integración de los mercados*. Santiago: CEPAL, 2004.

América do Sul, no que respeita o capítulo das fricções bélicas nutre, ainda, uma forte rivalidade com o Chile, desde que este lhe arrebatou sua saída para o Oceano Pacífico, durante a Guerra do Pacífico (1879-1884).

A crise da produção de gás natural na Argentina em 2004, que se arrastou para o Chile e o Uruguai, demonstra de forma cabal as debilidades da integração energética regional[86].

A elaboração de planos de desenvolvimento para o anel energético deve ser constante e abordar uma plêiade de assuntos, que englobe as diversas questões envolvidas, a exemplo da urgência de reformas institucionais e medidas que favoreçam investimentos nesse setor. Ademais, no caso brasileiro, cabe empreender um exame criterioso detalhado sobre o impacto ambiental e os prejuízos à sustentabilidade da região amazônica que esse projeto poderia acarretar. Não é por outro motivo que regras e procedimentos específicos e consistentes que salvaguardem o meio ambiente e outros setores do convívio humano devem definir com clareza as medidas corretas que serão tomadas visando o desenvolvimento de práticas, cujo objetivo primordial consistiria na integração.

O fato é que estes desafios não devem ser obstáculos capazes de anular o potencial da iniciativa integracionista, mesmo porque, ao contrário, manifestam a necessidade de ampliá-la, uma vez que estes podem e devem ser superados através da iniciativa regional.

É notório que o projeto de anel energético na América do Sul será benéfico para o desenvolvimento da região, fomentando o crescimento das economias nacionais e gerando dividendos positivos para todos os envolvidos, abrindo as portas para o processo de integração nos moldes europeus.

---

[86] HONTY, G. LOBATO, V. MATTOS, J. *Energia 2025; escenarios energéticos para el MERCOSUR*. Montevidéu: Córdoba, 2005.

O Mercosul

Nesse sentido, vale lembrar que o primeiro passo dado, logo após o fim da Segunda Guerra Mundial, para a edificação do Mercado Comum Europeu, que daria lugar na década de noventa à UE, foi a formação, como já vimos, da Comunidade do Carvão e do Aço (CECA), em 1952, que colocou atividades produtivas estratégicas essenciais geradoras de conflitos (na medida em que estavam localizadas em uma zona de fronteiras contíguas da Alemanha e França) sob uma autoridade comum. Essa iniciativa acabou criando instituições e regras consensuais, que como bem explica a teoria neofuncionalista, geraram o fenômeno do *spill over*: o trasbordamento do aparato burocrático de um órgão institucional comprometido com a integração para outro.

A criação de um anel energético conectando todo o subcontinente poderia eliminar, em curto prazo, uma série de gargalos relacionados com as crises no campo da energia produzida a partir dos hidrocarbonetos e o déficit infraestrutural. Ele poderia expandir o mercado de gás natural, o desenvolvimento de novas matrizes energéticas que produziriam um menor impacto ambiental e a ligação do setor industrial com estas últimas.

Para viabilizar de fato tal integração foram elaborados dois projetos prioritários. O primeiro deles é a realização do trecho Uruguaiana-Porto Alegre, que permitiria a junção real dos mercados de gás natural da Argentina, do Brasil e da Bolívia. O segundo projeto seria a construção do gasoduto ligando a Venezuela, detentora de grandes reservas, aos mercados consumidores do Brasil, Uruguai, Argentina e Chile.

A inclusão da Venezuela e da Bolívia é fundamental para o sucesso desse projeto e seria financeiramente muito interessante para todas as partes envolvidas. Questões ideológicas e o jogo do poder político na região devem ser, para tanto, afastadas. A PDVSA e a Petrobras, maiores investidoras desse empreendimento, devem reduzir suas diferenças no que tange aos planos de

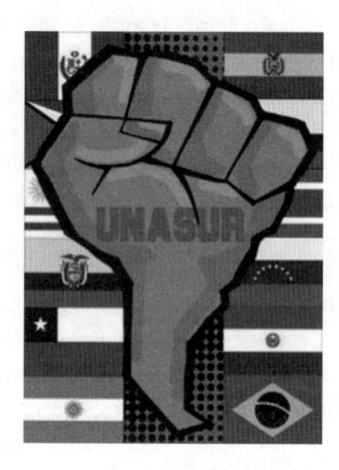

UNASUL – União Sul-Americana de Nações. Criada em 23 de maio de 2008.

desenvolvimento energético local. Assim como os líderes locais devem estar a par dos riscos de certas decisões quando o que está de fato em jogo é a integração sul-americana. Seria inconcebível excluir a Bolívia e a Venezuela de um projeto dessa magnitude, especialmente porque cerca de 70% das reservas de gás se encontram no Norte do subcontinente, enquanto é nos países do Sul — Brasil, Argentina, Uruguai e Chile — onde vivem 70% da população da região. É no Sul do subcontinente que se encontra a maior demanda de energia, o mercado de gás mais desenvolvido, dotado de um sistema de produção: gasodutos mais avançados e, ainda, onde há uma maior dependência de importações.

As medidas pró-integração na América do Sul abrangem, portanto, o desenvolvimento de políticas comuns no setor energético. A questão estratégica central é, nesse sentido, consolidar o processo de integração de cadeias produtivas no setor energético sul-americano, no contexto do MERCOSUL.

Os procedimentos que devem orientar o projeto de construção de um anel energético na América do Sul se assentam sobre alguns aspectos específicos, tais como a ampliação das fontes de financiamento existentes, fortalecimento de organismos de fomento ao desenvolvimento e integração, objetivando:

a) a aumentar a coordenação de esforços entre setor público e privado;

b) a harmonizar os sistemas regulatórios para os setores de gás, energia elétrica e petróleo;

c) a incentivar a instalação de projetos que promovam a utilização e o aproveitamento eficiente dos recursos energéticos regionais;

d) a tornar mais claras e precisas as especificações das fontes de energia, bem como as normas técnicas de construção e operação de plantas e equipamentos.

6 A União Sul-Americana de Nações (UNASUL)

Nos últimos anos, em um contexto de intensificações dos vínculos entre Estados e do crescente fenômeno da formação de blocos regionais — como o MERCOSUL e, apesar da crise europeia e norte-americana a partir de 2008 e em 2011 — a integração sul-americana mantém, ainda, uma condição de destaque na agenda política do subcontinente, especialmente do Brasil. No âmbito dessas considerações é que desponta a proposta de união regional denominada Comunidade Sul-Americana de Nações (CASA), rebatizada em 2007 União Sul-Americana de Nações (UNASUL). Tal projeto partiu da determinação de desenvolver um espaço sul-americano integrado no contexto político, social, econômico e de infraestrutura que pudesse fortalecer a identidade própria da região, consolidando uma nova percepção dela e um novo padrão de relacionamento entre os países sul-americanos.

Assim sendo, a criação da União Sul-Americana de Nações (UNASUL) ilustra um novo momento por que passa a integração sub-regional, em que o forte componente econômico do regionalismo das décadas de oitenta e noventa do século passado cede lugar ao processo de valorização política e física das regiões.

Nesses termos, a UNASUL é um projeto estratégico com o objetivo de preencher a lacuna de articulação política na região, constituindo-se em um esforço complementar aos demais processos de integração regional em curso como: MERCOSUL, ALADI, Comunidade Andina de Nações (CAN), etc. Ela, portanto, busca evitar a contraposição ou antagonismo *vis-à-vis* com outros blocos e regiões.

De acordo com Lima & Coutinho, as dificuldades em se cumprir os objetivos econômicos da integração regional fizeram emergir a carência da dimensão política da CAN e do MERCOSUL, bem como a necessidade de se ampliar esses acordos de forma a abranger toda a América do Sul; em outras palavras:

> "[...] se o novo regionalismo e seu forte componente econômico caracterizam os anos 90, nos anos 2000 a tônica parece ser a demanda política pelas regiões"[87].

Como resultado, observa-se nas novas iniciativas de integração sul-americanas a redução da ênfase na agenda comercial e a introdução de outra multidimensional, com a inclusão de temas econômicos não comerciais, como a integração energética e a infraestrutura, além daqueles sociais e culturais. Deste modo, a criação da Comunidade Sul-Americana de Nações (CASA), rebatizada posteriormente como União Sul-Americana de Nações (UNASUL), representa um dos exemplos mais destacados dessas iniciativas; que se insere em um contexto de mudanças na conjuntura política e econômica da região e representa a possibilidade de se resgatar o antigo projeto de uma América do Sul integrada.

No Terceiro Encontro de Cúpula sul-americana, em 8 de dezembro de 2004, os presidentes e representantes de doze países sul-americanos firmaram a declaração de Cuzco, Peru, uma

---

[87] LIMA, M. R. S & COUTINHO, M. V. *Globalização, regionalização e América do Sul*. Análise de Conjuntura. OPSA, nº 6 p. 1-10, maio, 2005. Disponível em http://observatório.iuperj.br/pdfs/7_analises_Globalização e Regionalização e América do Sul pdf. Acesso em 22 de julho de 2014.

carta de intenções de duas páginas anunciando a fundação da então Comunidade Sul-Americana de Nações (CASA). Além desses, Panamá e México estiveram presentes à cerimônia de assinatura.

O Tratado Constitutivo da UNASUL foi firmado em 23 de maio de 2008 na Terceira Cúpula de Chefes de Estado realizada em Brasília e é uma organização intergovernamental composta por doze Estados da América do Sul. Sua sede central está localizada na cidade de Quito no Equador, o Parlamento Sul-Americano reúne-se em Cochabamba, na Bolívia, e o Banco do Sul funciona a partir de Caracas na Venezuela. A UNASUL tornou-se uma entidade jurídica, uma união supranacional que, eventualmente, substituiria os órgãos políticos do MERCOSUL e da Comunidade Andina de Nações (CAN).

Ela surge como projeto estratégico que resulta do aprofundamento dos processos de reuniões de cúpulas presidenciais sul-americanas, iniciado em 2000, bem como em decorrência da aproximação do MERCOSUL com a CAN, cujo objetivo central foi estabelecer um acordo de livre comércio assinado em 1993, a fim de criar uma Área de Livre Comércio Sul-Americana (ALCSA). No esforço pela aproximação dos dois blocos, destaca-se a ação brasileira, que via nessa iniciativa a realização operacional de um novo conceito de pertencimento sul-americano e, nesse sentido, a possibilidade de aprofundar os laços com a Argentina, vetor sul, e com a Venezuela, no vetor norte[88]. Entretanto, as dificuldades internas dos arranjos, CAN e MERCOSUL, impediram que a ALCSA fosse viabilizada.

De todo modo, embora as conversações em torno da ALCSA não tenham progredido, o projeto de construção gradual de um mercado sul-americano ganhou força e o esforço desenvolvido pelos países da região em incentivar uma aproximação no âmbito do universo de

---

[88.] PRAZERES, T. "A integração sul-americana: uma estratégia ainda fora do lugar?" In: *O Brasil e a América do Sul: desafios do século XXI*. Brasília: Fundação Alexandre de Gusmão, 2006.

seus arranjos regionais culminou com a criação da UNASUL. Assim, a despeito de inúmeros percalços tal organismo renovou, no final do século passado e no início deste, o ímpeto integracionista regional e trouxe consigo novas orientações no campo das negociações políticas diplomáticas e estratégicas militares, sem esquecer a dimensão econômica no concerto do subcontinente. A UNASUL ganha projeção enquanto alternativa para as relações econômicas regionais, sobretudo porque se trata de um órgão institucional que dota os países da região de poder de barganha ao abrigo das interferências norte-americanas, no que diz respeito tanto à arena hemisférica quanto à regional.

Partindo da perspectiva de que o regionalismo é uma resposta aos efeitos da quarta onda globalizante dos anos oitenta e noventa do século passado e de que uma região integrada tem muito mais peso na política mundial, a fim de reduzir a vulnerabilidade no processo de inserção internacional, do que a ação de cada um dos países isoladamente, a lógica que preside a formação da UNASUL está identificada com as estratégias dos países sul-americanos, pois incorpora o preceito da coordenação política e econômica e representa uma resposta mais eficaz e mais efetiva à competição internacional. O seu desafio passa a ser potencializar recursos, capacidades e vantagens de cada um dos países, além de garantir complementaridade produtiva, em busca de uma melhor inserção internacional da sub-região[89].

Assim, no que tange aos compromissos estabelecidos pelo bloco, a Declaração de Cuzco estabelece que o espaço integrado sul-americano se desenvolveria e se aperfeiçoaria impulsionando os seguintes processos: a coordenação política e diplomática dos países da região; o aprofundamento da convergência entre MERCOSUL, a CAN e o Chile, (que não estava

---

[89] LIMA, M. R. S & COUTINHO, M. V. *Globalização, regionalização e América do Sul*. Análise de Conjuntura. OPSA, nº 6 p.1-10, maio, 2005. Disponível em http://observatório.iuperj.br/pdfs/7_analises_Globalização e Regionalização e América do Sul pdf. Acesso em 22 de julho de 2014.

vinculado a qualquer outro processo de integração sul-americano); sua evolução a fases superiores de integração econômica, social e institucional, à qual se associam também Suriname e Guiana; e a integração física, energética e de comunicações na América do Sul, com base no aprofundamento das experiências bilaterais, regionais e sub-regionais em curso.

Além desses processos, a UNASUL se comprometia também a impulsionar a harmonização de políticas que promovessem o desenvolvimento rural e agroalimentar, a transferência de tecnologias e cooperação horizontal em todos os campos da ciência, educação e cultura, assim como a crescente interação entre empresas e a sociedade civil na dinâmica da união do espaço sul-americano, sugerindo a possibilidade de um novo tratamento de temas marginalizados na agenda dos processos de integração regional existentes.

Dessa forma, do ponto de vista internacional, a UNASUL parece nascer com a:

> "[...] determinação de desenvolver um espaço sul-americano integrado no âmbito político, social, econômico, ambiental e de infraestrutura, que fortaleça a identidade própria da América do Sul e que contribua, a partir de uma perspectiva sub-regional e em articulação com outras experiências de integração regional, para o fortalecimento da América Latina e do Caribe e lhes outorgue uma maior gravitação e representação nos foros internacionais. [...][90]".

---

90. *BRASIL – MINISTÉRIO DAS RELAÇÕES EXTERIORES COMUNIDADE SUL-AMERICANA DE NAÇÕES: documentos.* Brasília: Fundação Alexandre de Gusmão, 2005.

Nesse sentido, fundamentalmente, a UNASUL é um projeto estratégico de convívio entre MERCOSUL e a CAN, além do Chile, Guiana e Suriname, baseada na construção de uma área de livre comércio e em projetos de infraestrutura. Suas principais expressões são o anel energético e a interconectividade vital para unir o Atlântico com o Pacífico.

O anel energético do Cone Sul, como já foi mencionado acima, conta com o apoio do Banco Interamericano de Desenvolvimento (BID), e trata da proposta de ampliação da rede de gasodutos na região com o objetivo de prover Argentina, Chile, Brasil e Uruguai com gás natural de Camiseta, no Peru (PINHEIRO, 2005, p.1). A obra Rodovia Interoceânica com 1.100 km ligando o estado do Acre aos portos peruanos de Matarani, Illo e Maratani, na região de Madre de Dios, no Sudeste peruano, visa possibilitar que o Brasil alcance mais facilmente os mercados da Ásia por meio do Pacífico, e levar mais de meio milhão de turistas ao sul do Peru, onde o Império Inca nasceu e estão as ruínas de Machu Pichu[91].

Quanto à ação do bloco, destaca-se que a UNASUL pretendeu estabelecer e incentivar progressivamente projetos e procedimentos de ação conjunta, propiciando a convergência, pautando-se, pois, pela institucionalidade existente, evitando, assim, a duplicação e superposição de esforços e novos gastos financeiros.

Decidiu-se na I Reunião de Chefes de Estado e de Chanceleres da União Sul-Americana de Nações que a UNASUL contaria com reuniões anuais de chefes de Estado, encontros semestrais de chanceleres — preparados, por sua vez, por reuniões de vice-chanceleres — e reuniões de ministros setoriais sem periodicidade

---

[91] BANDEIRA, L. A. M. "Aspectos da crise nos países da América do Sul". MOSCARDO, J. CARDIN, C.H. *I Conferência Nacional de Política Externa e Política Internacional (CNPEPI): O Brasil no mundo que vem aí*. Bras Fundação Alexandre de Gusmão, 2007.

definida, convocadas pelos chefes de Estado. Criou-se também a figura da *Troika* — formada pelo país-sede da reunião e pelos países-sede das reuniões do ano anterior e do ano seguinte — que estaria incumbida de apoiar as atividades da secretaria *pro tempore*[92].

Na II Reunião de Chefes de Estado, em Cochabamba, Bolívia, em dezembro de 2006, definiu-se um plano para aprofundar a integração sul-americana com princípios bem delineados de institucionalidade, sendo que o bloco passou a contar com as seguintes instâncias: 1) Reuniões anuais de chefes de Estado e de governo; 2) Reuniões semestrais de chanceleres; 3) Reuniões ministeriais setoriais; 4) Comissão de altos funcionários e 5) Secretaria *Pro Tempore*.

Entre outras reuniões realizadas destaca-se a I Cúpula Energética, na ilha venezuelana de Margarita, durante a qual além da substituição da denominação Comunidade Sul-Americana de Nações por União Sul-Americana de Nações, foi criada uma secretaria com sede em Quito, no Equador, com a incumbência de impulsionar a UNASUL e resolver os conflitos que atingissem os países membros. A cúpula priorizou o debate envolvendo temas de integração física e energética do entorno sul-americano com base em propostas concretas como a construção do anel energético.

Um dos órgãos centrais mais importantes da UNASUL, que confere à resolução de conflitos gerados pelos países da América do Sul, no subcontinente, a opção de acordos negociados diretamente entre estes (a exemplo daqueles visando solucionar as fricções entre Equador e Colômbia, após esta última violar fronteiras

---

[92] SCHMIED, J. *Cenários da integração regional: os desafios da União de Nações Sul-Americanas (UNASUL) – O novo caminho da integração na América do Sul*. Cadernos Adenauer, v. 1. Rio de Janeiro: 2007.

e atacar território equatoriano, em ação objetivando desbaratar o grupo guerrilheiro colombiano das FARCs), afastando, assim, a ingerência ou a interferência direta norte-americana, praticada recorrentemente no período da Guerra Fria (1947-1991), é o Conselho de Defesa Sul-Americano proposto pelo Brasil. Cabe a este órgão da UNASUL a elaboração de políticas de defesa conjunta, promoção de intercâmbio de pessoal do setor bélico de cada país, realização de exercícios militares conjuntos, participação de operações de paz no âmbito das Nações Unidas (ONU), promoção da troca de informações e análise sobre cenários mundiais de defesa e a integração de bases industriais do material bélico.

Apesar de enfrentar inúmeros obstáculos e de seus limites, a União Sul-Americana de Nações, a UNASUL, é um projeto que busca impulsionar o aprofundamento dos vínculos entre os países da região, mesmo diante de um padrão histórico de expectativas frustradas no que concerne o desenvolvimento econômico e social. A definição de objetivos comuns para a região é, de fato, um exercício bastante complexo, e diante da heterogeneidade de visões do sistema regional, fica ainda mais complicada a afirmação de uma identidade própria. No entanto, a própria dinâmica da integração regional poderá desencadear processos de socialização que incluam a redefinição de identidades, a partir dos quais os atores passam a compartilhar ideias e valores; o que pode, por sua vez, afetar os cálculos em relação aos custos e benefícios, perdas e ganhos dos países envolvidos no processo.

Infraestrutura Regional Sul-Americana (IIRSA)

I.IRSA

Integração da Infraestrutura Regional Sul-Americana – IIRSA, criada em agosto de 2000.

Em 2000, o presidente brasileiro Fernando Henrique Cardoso convocou a I Reunião de Presidentes Sul-Americanos, realizada em Brasília, com o objetivo de discutir a integração regional, mais especificamente, as interconexões energéticas e viárias. A partir de então, o debate em torno da matriz energética da região e a busca pela integração infraestrutural constitui um elemento central na busca por um espaço sul-americano integrado.

> "A cúpula de Brasília teve um caráter estratégico e avançou a possibilidade de integração, não apenas física, econômica e comercial, mas igualmente política, como o presidente Fernando Henrique Cardoso insinuou, ao dizer que era "o momento de reafirmação da identidade própria da América do Sul como região onde a democracia e a paz abrem a perspectiva de uma integração cada vez mais intensa entre países que convivem em um mesmo espaço de vizinhança[93]".

---

[93]. BANDEIRA, L. A. M. "Aspectos da crise nos países da América do Sul". In: MOSCARDO, J. CARDIN, C.H. *I Conferência Nacional de Política Externa e Política Internacional (CNPEPI): O Brasil no mundo que vem aí*. Brasília: Fundação Alexandre de Gusmão, 2007.

Dessa forma, o fato de a reunião ter abordado temas específicos, para além da esfera comercial, evidencia a retomada do preceito de construção de um bloco sul-americano a partir dos blocos já existentes. Assim, o aspecto mais importante da Cúpula de Brasília foi o lançamento da iniciativa para a integração da Infraestrutura Regional Sul-Americana (IIRSA), cujo núcleo duro consiste na construção de um gasoduto sul-americano a partir do desenvolvimento das infraestruturas viárias, ferroviárias, aéreas e portuárias e o compromisso dos países da região de investir recursos expressivos em obras do setor de petróleo, gás e energia hidroelétrica[94].

Trata-se, portanto, da construção de uma disposição infraestrutural da integração, que visa a formação de diferentes redes, pelas quais são interligados os fluxos de bens e pessoas (rede de transportes), energia (rede energética) e informação (rede de telecomunicações), dos países membros de um bloco ou simplesmente articulada entre países vizinhos. A base do planejamento do projeto são dez eixos de integração da América do Sul, cuja característica comum é reunir faixas geográficas de vários países que concentram ou possuem potencial para desenvolver fluxos comerciais incrementados graças a cadeias produtivas integradas. Tal iniciativa conjunta, como prognosticavam os defensores da IIRSA, acabaria por estimular o desenvolvimento regional.

Nesse sentido, o objetivo precípuo desse projeto, remetido a aspectos infraestruturais, seria modernizar as relações produtivas e potencializar a proximidade sul-americana, superando os obstáculos fronteiriços, na medida em que sua base de atuação

---

[94] COUTO, L. F. *O horizonte regional do Brasil e a constituição da América do Sul*. Brasília: 2006. Disponível em http://www.unb.br/irel/New Files/ Leandro Freitas. Pdf >. Último acesso em 14 de agosto de 2014.

seria um espaço regional ampliado[95]. A IRSA concebida enquanto um plano estratégico buscava, nesse sentido, estreitar os vínculos territoriais desfrutando do potencial de complementaridade produtiva regional.

De acordo com Lima e Coutinho:

> "No plano regional, não é aleatório que seja neste momento que se deem os primeiros passos para a integração física da América do Sul. A concepção de região embutida no preceito de integração física e energética é distinta do regionalismo aberto mais próximo de um espaço de fluxos não territoriais. Ao contrário, a região como integração física e produtiva supõe um conceito de espaço de lugares nacionais. A vinculação entre Estados em uma mesma região supõe territorialidade e contiguidade. A representação mais expressiva do que significa esse conceito de integração é o gasoduto que pode ser construído gradativamente em módulos, cria interdependência física entre fornecedores e consumidores e, diferentemente das relações de mercado, uma vez construída, é muito onerosa de ser rompida[96]".

Desse modo, a IIRSA tem como base operacional as agências de fomento regionais, como o Banco Interamericano de Desenvolvimento (BID), a Corporação Andina de Fomento (CAF) e o Fundo Financeiro para o Desenvolvimento da Região

---

[95.] BANDEIRA, L. A. M. "Aspectos da crise nos países da América do Sul". In: MOSCARDO, J. CARDIN, C.H. *I Conferência Nacional de Política Externa e Política Internacional (CNPEPI): O Brasil no mundo que vem aí*. Brasília: Fundação Alexandre de Gusmão, 2007.

[96.] LIMA, M. R. S & COUTINHO, M. V. *Globalização, regionalização e América do Sul*. Análise de Conjuntura. OPSA, nº 6 p.1-10, mai, 2005. Disponível em http://observatório.iuperj.br/pdfs/7_analises_Globalização e Regionalização e América do Sul pdf. Acesso em 22 de julho de 2014.

da Bacia do Rio da Prata (FONPLATA), além de importantes aportes do Banco Nacional de Desenvolvimento Econômico e Social (BNDES); e orienta suas atividades a partir de um plano de ação, que define a ampliação e a modernização da infraestrutura regional em um curto espaço de tempo.

Partindo de uma iniciativa nitidamente brasileira, aderiram ao projeto todos os países da América do Sul, incluindo Guiana e Suriname, isto é, os doze países que, mais tarde, constituíram a UNASUL. Assim sendo, a IIRSA representa um processo que antecede a UNASUL e um avanço na proposta de construção da América do Sul através de políticas de liberalização do comércio recíproco de bens e serviços das nações do subcontinente. Com efeito, durante a II Reunião dos Presidentes da América do Sul, realizada em Guayaquil, no Equador, em 2002, a IIRSA constitui--se no tema central das discussões. Nessa oportunidade, o debate sobre a integração da composição infraestrutural passa a ser prioritária ampliando a percepção de que ela é a chave para o fortalecimento e a interligação dos mercados e que a promoção do desenvolvimento intrarregional dependia claramente de sua efetivação.

Por isso no marco da III Reunião dos Presidentes Sul-Americanos, quando se lança a UNASUL, os países sul-americanos reafirmaram seu pleno respaldo à IIRSA e aos avanços registrados nessa iniciativa[97].

Não é por outro motivo que se verifica em projetos como a IIRSA e, posteriormente, no da UNASUL promoção de uma série de debates sobre a integração energética e, consequentemente, sobre a matriz energética regional. Nesse sentido, tanto uma como

---

[97] COUTO, L. F. *O horizonte regional do Brasil e a constituição da América do Sul*. Brasília: 2006. Disponível em http://www.unb.br/irel/New Files/ Leandro Freitas. Pdf >. Último Acesso em 14 de agosto de 2014.

a outra se complementam, na medida em que compartilham o objetivo de impulsionar a integração do espaço físico sul-americano.

Nesses termos, podemos afirmar que o modelo de integração que serviu de inspiração para o projeto de integração energética sul-americana parece ser, como vimos, aquele da união regional europeia, que originalmente, reunindo Alemanha e França, ampliou-se de modo progressivo a partir dos acordos da Comunidade Europeia do Carvão e do Aço (CECA), em 1952, passando pela Comunidade Econômica Europeia (CEE), em 1957, até chegar à União Europeia (UE), formalizada em 1992, que reúne hoje em dia 28 países[98].

A importância, portanto, em se integrar a infraestrutura regional, reside no fato de que a América do Sul somente poderá crescer de maneira sustentável se incrementar sua competitividade. Trata-se de uma região emergente com grande potencial de desenvolvimento que atrairia investimentos internacionais em função de abrigar fartos recursos naturais, processos de integração, economias promissoras, população, fontes de energia e regimes democráticos. Nesse sentido, a fim de que o potencial do subcontinente se realize e se possa alcançar uma inserção internacional com reduzida vulnerabilidade e competitiva, aproveitando-se a complementaridade regional, a integração do arranjo infraestrutural torna-se um aspecto essencial.

Embora seja necessário ressaltar que a integração, no que tange a seu desenvolvimento, envolve aspectos mais profundos do que a mera existência de uma infraestrutura física. Mesmo porque ela deve vir acompanhada de ações e programas que impulsionem

---

[98] DOMINGUES, J. M. *Regionalismo, poder de Estado e desenvolvimento*. Análise de Conjuntura OPSA nº 7 p 1-16, jun. 2005. Disponível em http://observatorio.iuperj.br/pdfs/8_analises_Analise_conjuntura_junho_pdf>. Acesso em 21 de junho de 2014.

o desenvolvimento social e econômico das regiões envolvidas. E que, por outro lado, seja preciso reconhecer que projetos da IIRSA podem provocar acalorados debates, bem como que sofreriam restrições por parte de redes e movimentos organizados da sociedade civil que atuam por toda a América do Sul.

A crítica central que os movimentos da sociedade civil dirigem aos projetos da IIRSA reside no entendimento de que tal iniciativa contou com o apoio e ingerência direta das instituições financeiras multilaterais e do grande capital, que quiseram garantir uma maior liberalização econômica do continente apoiando a aprovação de tratados de livre comércio. De acordo com esses movimentos, a integração física e energética deve, por um lado, respeitar as necessidades locais, ao invés de atender prioritariamente aos interesses das grandes empresas de exportação e, por outro, a ela compete manter-se atenta quanto aos fortes impactos ambientais que pode produzir.

Por isso, torna-se prioritário manter abertos os canais de comunicação com a sociedade civil organizada em movimentos e grupos de pressão, como os indígenas, os trabalhadores do campo e das cidades perseguindo de fato o desenvolvimento sustentável que priorize a exploração e o escoamento de recursos naturais primários evitando, assim, a devastação ambiental. Muitas obras de infraestrutura são urgentes, a exemplo de portos ao longo das hidrovias da bacia amazônica, mas estas devem estar em sintonia com a lógica do desenvolvimento sustentável que prioritariamente impeça a deterioração do meio ambiente e que favoreça, concomitantemente, a aprovação de projetos que contemplem demandas locais, como a implantação de parques e outros projetos preservacionistas do bioma local.

Assim sendo, no que respeita à preservação do entorno ambiental, qual a postura específica visando o preceito do desenvolvimento sustentável deve adotar os projetos de integração de infraestrutura regional? Lima & Coutinho respondem a esta pergunta argumentando que:

> "A integração física tem efeitos distintos no âmbito local e regional. Os mais significativos, no sentido de que afetam profundamente os estilos de vida de comunidades preexistentes, se dão no plano local. Mas isto não significa que não existem mecanismos que possam preservar a qualidade de vida local, bem como o respeito ao entorno ambiental. Estes fazem parte do conjunto de práticas incluídas no modelo de desenvolvimento sustentável"[99].

---

[99] LIMA, M. R. S & COUTINHO, M. V. *Globalização, regionalização e América do Sul*. Análise de Conjuntura. OPSA, n° 6 p.1-10, mai, 2005. Disponível em http://observatório.iuperj.br/pdfs/7_analises_Globalização e Regionalização e América do Sul pdf. Acesso em 22 de jullho de 2014.

A adesão da Venezuela ao MERCOSUL

Foi com o objetivo de melhorar a integração entre os países da América do Sul e aumentar a projeção internacional da região que, em dezembro de 2005, a República Bolivariana da Venezuela, já membro associado do MERCOSUL, desde 2004, protocolou seu pedido de adesão ao bloco como membro pleno. A aprovação dependia exclusivamente do legislativo do Paraguai, posto que o Senado brasileiro, em 15 de dezembro de 2009, consentira, após acalorados debates, a entrada do país andino no MERCOSUL. Foi só, portanto, em decorrência do episódio do *impeachment* do presidente paraguaio Fernando Lugo, em 22 de julho de 2012, cuja rapidez e a falta de fundamentação legal desencadeou a suspensão do Paraguai do MERCOSUL, que Brasil, Argentina e Uruguai propuseram a entrada

Presidente Dilma Rousseff e Hugo Chavez: a entrada da Venezuela no MERCOSUL.

da Venezuela no bloco. Esta decisão somente recebeu a aprovação do Paraguai, no final de 2013, após novas eleições nesse país e sua reincorporação ao MERCOSUL.

É usual a afirmação de que a inserção da Venezuela no bloco sul-americano poderia constituir-se em um fator de garantia de estabilidade para a região, uma vez que para aderir ao MERCOSUL o país andino precisou comprometer-se com a cláusula democrática considerada "pétrea" ou fundamental para os países membros do bloco, um aspecto normativo essencial a fim de que seja impedida a temida ascensão de um governo ditatorial no subcontinente. Ela é fundamental, porque estabelece a suspensão ou a expulsão de qualquer país membro do MERCOSUL em que houver a interrupção das liberdades democráticas e dos direitos civis.

Os benefícios comerciais decorrentes dessa associação, por um lado, também despertaram e continuam despertando intensas discussões entre os países envolvidos, porquanto a pouca diversificação da economia venezuelana tanto pode constituir-se em uma barreira quanto em uma preciosa oportunidade para o comércio regional.

O fato de a Venezuela, por outro lado, ser um membro com grandes reservas de hidrocarbonetos contribui para o fortalecimento da integração energética e, por conseguinte, da infraestrutura básica e da implementação do projeto do anel energético, como vimos.

Por fim, a adesão da Venezuela representa o deslocamento do MERCOSUL do extremo sul do continente para o norte e, portanto, da bacia do rio da Prata para a Amazônica, região muito cobiçada em função da biodiversidade da floresta, dos recursos naturais, da água, de rios navegáveis e das fontes de energia.

Ademais, além dos aspectos políticos, geográficos, econômicos e comerciais que a entrada da Venezuela no MERCOSUL configura, há outros envolvendo questões de defesa e segurança regionais, de geopolítica que decorrem da inserção desse país no bloco, uma vez que, como afirmam muitos estudiosos dessa temática, vivemos num mundo em que a impermeabilidade das fronteiras é muito grande[100]. Assim sendo, uma abordagem individualizada dos problemas de segurança seria inviável.

Nesse sentido, não se deve ignorar o fato de que os mecanismos continentais de defesa e segurança vêm passando por transformações desde o fim da Guerra Fria (1991). Tais mudanças levaram os países latino-americanos a se afastarem dos EUA e a buscarem formas de associações regionais na área de defesa e segurança que fossem compatíveis com as especificidades dos países; dentre essas podemos mencionar, como foi relatado antes, a criação do Conselho de Defesa da União de Nações Sul-Americanas (UNASUL).

Com relação à importância estratégica da Venezuela para o bloco, deve-se considerar a ocupação de parte da Amazônia, e sua localização "à margem da Bacia do Caribe e do Atlântico Norte, entre a Colômbia e a Guiana", o que implica uma importante ampliação da área de atuação do MERCOSUL, já que essas áreas estão sob influência política e econômica dos EUA, integradas através de tratados militares e comerciais[101].

Ademais, vale lembrar que o processo de adesão da Venezuela ao MERCOSUL ocorreu em um contexto conturbado para ambos os lados, pois, enquanto o bloco do Cone Sul procurava definir os dispositivos necessários para fazer cumprir o que prescreve o Tratado de Assunção — que formalmente deu origem ao bloco — e buscava corrigir as falhas que este apresentava nas áreas

---

[100] DEFARGES, P. M. *Introdução à Geopolítica*. Lisboa: Gradiva, 2003.

[101] BANDEIRA, L. A. M. "O Brasil e a América do Sul". In: *Relações internacionais do Brasil: temas e agendas*. OLIVEIRA, H, A, LESSA, A. C. (orgs.), v. 1. São Paulo: Saraiva, 2006.

institucionais e sociais, a Venezuela encontrava-se em processo de desligamento da Comunidade Andina de Nações (CAN), uma meta que podia levar até cinco anos para ser alcançada.

Ao buscar sua integração ao Mercado Comum do Sul, a Venezuela tinha como objetivo fundamental aproximar as regiões Sul àquela andina da América do Sul; tal intenção já existia há vários anos e ações nesse sentido vinham sendo empreendidas através de acordos que visavam aproximar os países membros dos dois blocos regionais: o MERCOSUL e a CAN.

De acordo com Paulo F. Vizentini, em abril de 1998, durante a reunião do Conselho Andino de Ministros de Relações Exteriores, o então embaixador e depois vice-presidente José Vicente Rangel manifestou o interesse de seu país por ingressar no MERCOSUL como membro associado e afirmou que a participação da Venezuela no bloco regional era uma das prioridades do governo Hugo Chávez. Posteriormente, em abril de 2001, durante um encontro entre o presidente Chávez e o então presidente da República do Brasil, Fernando Henrique Cardoso, o governante venezuelano anunciou que seu país iria solicitar a adesão ao MERCOSUL, como membro associado para, em seguida, tornar-se um membro pleno do bloco[102].

A perspectiva inicial do governo da Venezuela ao buscar a adesão ao MERCOSUL era servir como elo entre as partes Sul e a região andina do continente sul-americano, mediante a simultânea associação à CAN e ao MERCOSUL, unindo em um único bloco todo o subcontinente. A fusão dessas duas instituições orientadas para impulsionar os processos de integração se "corporificou" na Comunidade Sul-Americana de Nações (CASA), renomeada

---

[102.] VIZENTINI, P. F. "A política externa da Venezuela frente à globalização (1989-2001)". In: *Venezuela: visões brasileiras*.GUIMARÃES, S. P. e CARDIM, C. H. (orgs.). Brasília: IPRI, 2003.

União das Nações Sul-Americanas (UNASUL), em 2007. Ao mesmo tempo, o governo venezuelano argumentava que não somente o acordo de Livre Comércio entre CAN e MERCOSUL, assim como os projetos direcionados para a integração da infraestrutura regional na esfera dos transportes, das comunicações e da energia seriam importantes instrumentos para a integração da América do Sul.

A decisão, no entanto, de alguns países da CAN de firmarem tratados de livre comércio isoladamente com os EUA causou insatisfação dentro do governo venezuelano, acarretando a saída do país da Comunidade Andina.

Colômbia e Peru afirmam que a decisão de assinar acordos de livre comércio bilaterais apoiava-se na decisão 598 da CAN, regida pelo Acordo de Cartagena, segundo o qual os países podem celebrar acordos bilaterais caso não seja possível negociá-los comunitariamente, desde que eles não prejudiquem os demais países do bloco. A assinatura desses acordos foi aceita pela CAN, que reconheceu o cumprimento de todas as condições da citada decisão. A Venezuela, por sua vez, reconheceu a soberania dos Estados andinos da Colômbia e do Peru de firmarem tais acordos, mas alegou que eles poderiam prejudicar seu mercado, uma vez que os produtos subsidiados dos EUA poderiam entrar em seu território sem pagar impostos. Chávez, por sua vez, argumentou que tais tratados alterariam a natureza e os princípios originais do bloco, de forma que a CAN não interessaria mais ao seu país e anunciou, no dia 19 de abril de 2006, a saída da Venezuela dessa instituição.

O processo de desligamento da Venezuela da CAN poderia demorar, como já foi mencionado, até cinco anos para ser concluído, a contar da data de aceitação da denúncia por parte do bloco, o que foi oficializado no dia 22 de abril de 2006, conforme documento do Ministério das Relações Exteriores da Venezuela.[103] Essa situação tornava a adesão do país ao MERCOSUL particularmente complexa, posto que durante algum tempo a Venezuela teria de cumprir acordos tanto da CAN quanto do MERCOSUL.

Ao anunciar a retirada de seu país da Comunidade Andina, Chávez reiterava que ela servia às elites transnacionais, que segundo seu entender possuíam uma estratégia para desintegrar a região, e que por esse motivo o bloco estava morto, opinião que foi compartilhada pelo presidente da Bolívia, Evo Morales. Na ocasião, o mandatário venezuelano pediu que fosse realizada uma profunda reforma no MERCOSUL, para que este não seguisse o mesmo destino da CAN.

Alguns meses após anunciar a saída da Venezuela da CAN, o governo do país enviou um memorando aos demais Estados membros do bloco propondo seu retorno à Comunidade Andina sob as seguintes condições: estabelecimento de mecanismos que impediriam a reexportação de produtos oriundos de países com os quais os membros do bloco tivessem assinado tratados de livre comércio; adaptação das normas do bloco ao modelo de socialismo proposto por Chávez, havendo a possibilidade de um tratado diferenciado para a Venezuela se fosse necessário; manutenção do sistema de propriedade intelectual vigente em território venezuelano; e a atenção redobrada em áreas de integração, infraestrutura e cooperação social.

No entanto, essa opção foi logo descartada devido à crise política deflagrada entre Colômbia e Venezuela durante a intervenção de Chávez nas negociações para libertação de reféns sequestrados pelas Forças Armadas Revolucionárias da

---

[103.] Disponível em http://www.aporrea.org/tecno/n76531.html. Acesso em 25 de agosto de 2014.

Colômbia (FARCS).[104] É interessante notar que apesar de Chávez ter recorrentemente censurado a Política Externa norte-americana, este país durante seu governo manteve-se na condição de um dos parceiros comerciais mais importantes da Venezuela. Desde 2002, porém, quando sofreu um golpe de Estado que parece ter sido apoiado pelos EUA, o presidente venezuelano aumentou o tom das críticas a Washington, o que suscitou temores de que a adesão da Venezuela ao MERCOSUL pudesse travar os acordos comerciais que eram negociados com os países desenvolvidos ou que viesse a prejudicar as relações dos países do bloco com os EUA.

Segundo o protocolo de adesão da Venezuela, assinado em julho de 2006 e em vigor desde agosto de 2012, foram previstas etapas e prazos para a plena incorporação das normativas MERCOSUL, para a adoção da Tarifa Externa Comum (TEC) e da Nomenclatura Comum do MERCOSUL (NCM); bem como para que este país pudesse integrar o estágio atinente à área de livre comércio.

A Venezuela incorporou a NCM e o cronograma de adoção da TEC por meio do decreto Venezuelano nº 9430 de 19/03/2013 (modificado pelo decreto nº 236, de 15 de julho de 2013), que internaliza no ordenamento jurídico venezuelano a nomenclatura MERCOSUL e previa a adequação à TEC em quatro fases.[105]

[104.] Disponível em http://www.guia.com.ve/noticais/?id=15477. Acesso em 25 de agosto de 2014.

[105.] Disponível em http:// www.mdic.gov.br/sitio/inter/interna. Acesso em 28 de agosto de 2014.

9. Acordo de livre comércio entre MERCOSUL e a União Europeia (UE)

A nova forma de organização do espaço mundial que surge dos arranjos regionais UE, MERCOSUL e NAFTA, mencionando apenas alguns exemplos mais destacados, traz consigo a contradição e a emergência de duas forças questionadoras do modelo de integração no contexto do cenário internacional, a saber: a fragmentação e a globalização.

É como se as desigualdades passassem a fazer parte das relações comerciais, aumentando a dependência dos países pobres em relação aos ricos e direcionando-os para uma globalização assimétrica e não solidária atravessada por instabilidades econômico-

North American Free Trade Agreement – NAFTA. Países membros: EUA, México e Canadá.

-financeiras e por novos riscos em matéria de segurança. Em função da coexistência do regionalismo e do multipolarismo benigno, fenômeno recente que ganha projeção no cenário internacional, abordagens de cooperação do tipo inter-regional recobrem um largo espectro de propostas teóricas objetivando superar a fragmentação regional da economia mundial.

Assim sendo, a expansão dos acordos de livre comércio passou a moldar os novos padrões de regionalismo Norte-Sul e Sul-Sul, permitindo que surgissem renovadas formas de especialização e integração mediante as quais os países emergentes ou em crescimento buscassem mais do que vínculos comerciais que possibilitariam o desenvolvimento por meio do livre comércio recíproco, mas o acesso estável a grandes e avançados mercados[106].

O principal motivo da superação do tradicional foco intrarregional de integração (Norte-Norte, Sul-Sul), em favor das associações desse mesmo naipe, entre países desenvolvidos e em desenvolvimento (Norte-Sul), é a oportunidade de esses verem asseguradas suas tão necessárias reformas políticas e econômicas. A ênfase dada ao desenvolvimento econômico vem acompanhada pelo desejo de atrair maior volume de Investimentos Estrangeiros Diretos (IED), impulsionando ao mesmo tempo reformas modernizadoras que aumentariam a credibilidade e a estabilidade política dos blocos regionais.

Nesse sentido, um potencial acordo de livre comércio entre o MERCOSUL e a União Europeia (UE) deve ser analisado à luz do crescimento econômico global e da importância que adquirem os esquemas de incentivo às exportações e ao comércio regional nos quadros da efetivação dos processos de integração.

---

[106]. VAILLANT, M. "Objectivos, resultados y restricciones de la negociación común con terceros en el MERCOSUR". In BARBOSA, R. A. (org.). *MERCOSUL quinze anos*. São Paulo: Fundação Memorial da América do Sul: Imprensa Oficial do Estado de São Paulo, 2007.

Os projetos de integração regional formulados desde os anos sessenta, mas viabilizados de fato nas duas últimas décadas do século passado, ganham sentido enquanto propostas alternativas à desregulamentação, à abertura comercial e ao Estado menor advogados pelo paradigma neoliberal.

O Acordo de Cooperação MERCOSUL-UE está situado no campo das negociações entre dois blocos que inicialmente criaram um mercado regional para em seguida, em uma etapa posterior, poderem estabelecer as bases de uma associação conjunta. Ele contempla não apenas as tradicionais questões ligadas à liberalização do comércio de produtos, mas também temas como serviços, investimentos, propriedade intelectual, mecanismos de resolução de disputas e outros, sempre em consonância com as regras estabelecidas pela Organização Mundial do Comércio (OMC).

Desde sua criação, o MERCOSUL se esforça para definir sua inserção internacional em condições favoráveis. O processo de internacionalização, a nova lógica das cadeias produtivas e a negociação, que estabelecem novas regras no comércio mundial, obrigam o bloco a empreender alianças estratégicas que assegurem que sejam instauradas condições favoráveis para o seu desenvolvimento e enriquecimento.

A Europa é o maior e mais tradicional parceiro comercial do MERCOSUL, e é inevitável mencionar as profundas relações que aproximam os povos europeus e latino-americanos desde sua origem. Compartilhando de valores comuns em decorrência da colonização ibérica, o MERCOSUL abriga também mais de trinta milhões de descendentes de italianos vivendo em solo brasileiro, dezesseis milhões e quinhentos mil no argentino e um milhão e cinquenta mil no uruguaio, formando a base da cultura latino-americana, bem como alemães e muitos outros povos europeus[107].

No entanto, se sempre se almejou um diálogo franco e cooperativo, os resultados da cooperação deixam muito a desejar. Desde a assinatura em dezembro de 1995 do Acordo-Quadro de Cooperação Inter-Regional entre a UE e o Mercado Comum do Sul, pouco se avançou nas negociações.

Não obstante tal Acordo preveja a ampliação e a consolidação de ações cooperativas, econômicas e políticas entre os dois blocos, visando o estabelecimento de um ambiente estável e atrativo para o aumento dos investimentos, promoção de empreendimentos conjuntos e a edificação de um quadro jurídico favorável, prometendo ampliar o acesso aos mercados da UE, ele ainda mantém em âmbito europeu tarifas alfandegárias protecionistas no setor agrícola e restrições à importação de produtos considerados sensíveis.

9.2 Acordo-Quadro de Cooperação entre MERCOSUL e União Europeia

O início de uma cooperação mais profunda entre o MERCOSUL e a UE se evidenciaria em meados da década de 90, por meio de uma explícita disposição de ambos os blocos em celebrar

---

[107.] Allegati socio-statistici. Disponível em http://csem.org.br/images/downloads/estatisticas/Dati_statistici.pdf. Acesso em 19 de agosto de 2014.

um Acordo de Cooperação Administrativa. Vale lembrar que até então a cooperação entre a Europa e a América Latina havia sido

Os acordos entre União Europeia (UE) e MERCOSUL. Sistemáticos fracassos.

marginal e pontual.

O MERCOSUL, desde sua criação em 1991, passou imediatamente a beneficiar-se do apoio constante em matéria administrativa da UE. Tanto que em 1992 esses blocos negociaram um Acordo de Cooperação Institucional com vista à promoção de um diálogo interinstitucional, bem como de transferência do *background* europeu em assuntos de integração[108].

Tal acordo representaria apenas um primeiro estágio para a posterior conclusão do Acordo-Quadro de Cooperação Inter--Regional, que teria a incumbência de estabelecer uma ampla parceria política e econômica entre as duas regiões, embasada nos preceitos do diálogo político, da cooperação e acordos comerciais.

A aproximação político-institucional avançou paralelamente à intensificação do comércio inter-regional no cone sul e do progresso que a região latino-americana vinha demonstrando em matéria de reforma econômica, integração regional, democracia, respeito aos direitos humanos, paz e desarmamento, mostrando

---

[108.] VAILLANT, M. "Objectivos, resultados y restricciones de la negociación común con terceros en el MERCOSUR". In BARBOSA, R. A. (org.). *MERCOSUL quinze anos*. São Paulo: Fundação Memorial da América do Sul: Imprensa Oficial do Estado de São Paulo, 2007.

que não seria insuficiente que houvesse apenas uma colaboração exclusiva restrita à dimensão administrativa dos processos de integração.

Assim sendo, a UE e o MERCOSUL assinaram em 15 de dezembro de 1995, em Madrid, o Acordo-Quadro de Cooperação Inter-Regional, comprometendo-se a reforçar os laços econômicos e comerciais entre si.

Nenhum outro acordo de livre comércio havia jamais sido assinado entre duas uniões aduaneiras, constituindo-se no primeiro desta natureza, passando, portanto, a ser visto como uma ação sem precedentes históricos. Segundo alguns analistas, ele poderia lançar um novo modelo de iniciativas suprarregionais, inaugurando novas fórmulas de regionalismo aberto.

O objetivo explícito deste acordo é o de criar uma associação inter-regional capaz de unir os dois blocos mediante relações políticas, econômicas, financeiras, sociais e culturais; no que respeita seu aspecto implícito, por outro lado, propunha-se a constituição de uma série de dispositivos em matéria de livre comércio[109].

No âmbito do acordo sob o ponto de vista político tem-se o princípio da defesa do regime democrático e o respeito aos direitos humanos fundamentais. No comercial, conforme o artigo 4, as partes se comprometem a manter um diálogo econômico e comercial, estabelecendo de comum concordância a cooperação comercial sem excluir nenhum setor. Tal cooperação abrangeria temas de acesso a mercados, liberalização comercial (barreiras tarifárias e não tarifárias) e disciplinas comerciais que corresponderiam a práticas restritivas, normas de origem, salvaguardas, regimes aduaneiros especiais e outros.

No contexto comercial vem a tona de forma bem clara a

---

[109] Ibidem.

questão de compatibilizar as liberalizações comerciais com as normas da OMC e a identificação dos produtos sensíveis e prioritários para as partes. Além disso, ele previa também a cooperação em matéria de normas agro-alimentares, industriais, aduaneiras, estatísticas e propriedade intelectual[110].

A fim de expandirem suas economias, fortalecer sua competitividade internacional e fomentar o desenvolvimento tecnológico e científico, dentre vários objetivos idealizados, tendo sempre como pano de fundo o estreitamento do vínculo econômico entre os dois blocos regionais, o MERCOSUL e a UE selaram o acordo de cooperação econômica mediante a atuação do setor empresarial. Quiseram, por outro lado, alocar investimentos expressivos em projetos energéticos comuns que se estenderiam para as áreas de transporte, ciência e tecnologia da informação, telecomunicações e proteção ambiental.

O fortalecimento da integração e a cooperação interinstitucional se dariam no contexto da instauração de um diálogo político e institucional e, ainda, do estabelecimento de sistemas de intercâmbio de informações, capacitações, apoio institucional, assistência técnica e desenvolvimento de projetos conjuntos.

Vale ressaltar que o acordo de cooperação entre MERCOSUL e UE não afetaria a capacidade de seus Estados membros, dada a competência de cada um, de empreenderem acordos bilaterais ou novos acordos entre si. As disposições do acordo também não afetam as cooperações bilaterais originadas por tratados já existentes, coexistindo harmoniosamente com os acordos bilaterais entre UE e os quatro, hoje cinco, membros do MERCOSUL.

[110.] Ver artigos 6,7,8,9 do Acordo-Quadro de Cooperação Inter-Regional entre MERCOSUL e a UE. Disponível em http://www.mercosur.int/msweb/portal1520intermediario/PT/índex.html. Acesso em 28 de agosto de 2014.

O Acordo de Madrid é uma convenção não preferencial e provisória, pois prevê sua substituição por um novo acordo, ou seja, é transitória, passando de uma cooperação a uma associação, assim como evolutiva, permitindo o aprofundamento dos compromissos através da cláusula evolutiva. Ele permite às partes contratantes alargar o âmbito do acordo mediante consentimento mútuo, com o objetivo de aumentar os níveis de cooperação.

O Acordo-Quadro de Cooperação Inter-Regional é considerado um acordo misto, ou seja, compreende assuntos tanto de competência exclusiva dos blocos como de competência de seus membros. Assim, tanto os blocos como os Estados membros são considerados como partes contratantes.

9.3 O histórico das negociações MERCOSUL e UE entre os anos de 1999 e 2004

Inserida no campo do dinamismo característico do regionalismo aberto, a ratificação do Acordo-Quadro em 1999 engloba a relação entre UE e MERCOSUL por meio de um amplo perfil de negociações que vai além de uma estratégia exclusivamente comercial. Conforme destaca Roberto Luquini, os novos acordos ampliam de forma significativa a cooperação entre os blocos, prevendo a "atuação em áreas como a educação, a comunicação, a luta contra o tráfico de drogas, as telecomunicações, a cooperação institucional, etc."[111].

As negociações que possibilitariam o estabelecimento desse acordo foram definidas na I Cúpula União Europeia-América Latina realizada no Rio de Janeiro em junho de 1999, que fixou a data de 24 de novembro do mesmo ano para a primeira reunião do Conselho de Cooperação. Mediante esta iniciativa foi definido um programa inicial de trabalho, dividido em três áreas: diálogo político, cooperação e liberalização do comércio. As negociações aconteceram de forma paralela, por esse motivo o acordo só poderia ser concretizado se todas as áreas chegassem a um consenso[112].

A fim de viabilizar este processo, foi instituído o Comitê de Negociações Birregionais (CNB), que assumira a função de gerenciar os trâmites atinentes ao comércio e à cooperação a partir da criação de grupos técnicos no âmbito econômico, cultural, social, técnico e financeiro. As primeiras reuniões do CNB ocorreram em 2000, contudo até 2001 os avanços e recuos nas propostas de liberação comercial refletiram os interesses divergentes entre blocos, sobretudo, em virtude do rigor inicial demonstrado pela UE no tratamento diferenciado dos produtos, em sua maioria agrícolas, considerados "sensíveis"[113].

A partir de 2001, o processo de negociação ganha um

[111.] LUQUINI, R. A. de. "Evolução das relações entre União Europeia e a América Latina". In: *Integração e ampliação da União Europeia; um modelo para o MERCOSUL*. DEL POZO, C, F, M, D, B, M, J. (coords.). Curitiba: Juruá, 2003.

[112.] TOMAZINI, R. C. *As relações econômicas entre União Europeia e MERCOSUL e a tentativa de institucionalização de um acordo de Livre Comércio, 1991 a 2005*. Tese de doutorado – Universidade de Brasília, 2009.

[113.] RIBEIRO E. S. de. *Parlamento do MERCOSUL: forma de organização e perspectivas à participação social e às políticas públicas*. Observador on-line. Publicação do Observatório Político Sul-Americano. Rio de Janeiro: IUPERJ, v.2, nº 12, dez. 2007. Disponível em http://observatorio iesp.uerj.br/pdfs 26_observador-topico_Observador_ v2_n 12, pdf>. Acesso em 18 de agosto de 2014.

novo dinamismo, seguindo até o ano de 2004 em um ritmo relativamente acelerado. Entretanto, o avanço das negociações ao longo de 2004, apesar de possibilitar um resultado concreto em termos de propostas, esbarrou em uma agenda de negociações que contém componentes altamente voláteis. O protecionismo acirrado exercido pela UE, com relação ao setor agrícola, aliado à defesa intransigente do MERCOSUL dos produtos manufaturados e serviços, resultou em uma série de impasses que provocou a paralisação das negociações, retomadas somente a partir de 2010.

9.4 A questão agrícola

A inflexibilidade por parte dos europeus quanto à questão agrícola foi um dos maiores entraves para que fosse concluído o acordo de livre comércio entre MERCOSUL e União Europeia em 2004. Apesar de o acordo prever a diminuição relativamente substancial das tarifas dos produtos comercializados, os europeus indicavam que imporiam restrições quanto ao comércio de produtos agrícolas originados no MERCOSUL, o que desagradou em sua totalidade os países do bloco sul-americano. A proposta final da União Europeia durante a última reunião para fechar o acordo, realizada no ano de 2004, previa a liberação de 90% do comércio total ao final do cronograma, entretanto, esta abrangeria 86,25% do comércio agrícola, sendo mantidas as quotas de importação[114].

---

[114] LUQUINI, R. A. de. "Evolução das relações entre União Europeia e a América Latina". In: *Integração e ampliação da União Europeia; um modelo para o MERCOSUL*. DEL POZO, C, F, M, D, B, M, J. (coords.). Curitiba: Juruá, 2003.

Assim sendo, a proposta europeia minou grande parte das expectativas sobre a participação do bloco mercosulino nas negociações em torno do acordo de integração com os países membros da UE. Embora ela tivesse previsto eliminar as restrições ao comércio agrícola, uma vez que é nessa área em que os países membros do MERCOSUL têm maiores vantagens comparativas, o recuo europeu frustrou as expectativas e acabou provocando o fracasso das negociações.

O rigor demonstrado pela UE na negociação das tarifas sobre produtos agrícolas se explica pela importância que esse setor tem no processo de integração do bloco, uma vez que a Política Agrícola Comum (PAC) constitui uma das áreas fundamentais da UE, desde a criação da Comunidade Econômica Europeia (CEE) em 1957. A PAC assume essa importância, pois representa a liberdade de circulação dos produtos agrícolas dentro da UE, bem como é a instância que fundamenta a adoção de políticas extremamente protecionistas por parte de seus países membros, caracterizadas pela prática da concessão de subsídios e isenções de impostos, a fim de evitar a concorrência externa.

Na França, a questão agrícola se tornou um aspecto cultural, vinculado ao ideário do camponês. Assim sendo, o envolvimento da Confédération Paysanne (Confederação Camponesa), associada a entidades sociais, trabalhistas e sindicais de outros países, influenciou diretamente as negociações com o MERCOSUL, impedindo que fossem eliminadas as barreiras alfandegárias.

Além da pressão dos *lobbies* dos agricultores, as negociações em torno do acordo agrícola possuem implicações que vão além da criação de uma imensa área de livre comércio entre blocos regionais, uma vez que a elaboração das propostas segue as regras convencionadas no âmbito da Organização Mundial do Comércio (OMC), cujas diretrizes determinam que as concessões cedidas a um determinado parceiro econômico deverão ser estendidas a todos os países com os quais este mantém relações comerciais. Portanto, à UE é impossível a diminuição de subsídios agrícolas *vis--à-vis* com o MERCOSUL, sem que concomitantemente esse mesmo procedimento seja adotado com relação a outros países[115].

A complexidade da negociação se concentra em uma estreita margem de manobra, evidenciada pela obrigatoriedade de estender aos demais mercados as vantagens concedidas a um deles a fim de respeitar as normas convencionadas pela OMC e, por outro lado, pela pressão interna exercida por alguns países, cuja produtividade agrícola seria duramente afetada, mesmo com a manutenção dos subsídios, caso o MERCOSUL tivesse maior acesso ao mercado europeu.

9.5 O setor de serviços e produtos manufaturados

Enquanto os produtos agrícolas constituem assunto sensível aos europeus na pauta de negociações, o bloco sul-americano permanece sem uma posição coesa sobre a liberação das tarifas alfandegárias no setor de serviços e produtos manufaturados, posto que a heterogeneidade nesses setores apresenta-se como um dos maiores obstáculos nas negociações entre os blocos. Alguns

---

[115] VALLADÃO, A. G. A. *O peso do setor agrícola nas negociações sobre o Tratado de Livre Comércio entre União Europeia e o MERCOSUL*. Berlim: FDCL, Forschungs-und Dokumentationszentrum. Chile Lateinamerika EV, 2004. Disponível em http://fdcl-berlin de/file admin/fdc/Valladão 052004, pdf. Acesso em 23 de junho de 2014.

setores de serviços parecem mais favoráveis à liberalização ou pelo menos à negociação de compromissos em foros internacionais, outros não.

Atualmente, esse setor se destaca como um dos principais criadores de emprego, além do peso destacado que detém na participação do Produto Interno Bruto (PIB), devido, sobretudo, aos elevados índices de valor agregado que o caracterizam[116]. Em virtude de ostentar um desenvolvimento ainda incipiente, o setor de serviços no MERCOSUL atrai o interesse do bloco europeu, que reconhece as enormes potencialidades que representa, na medida em que reúne cerca de 500 milhões de virtuais usuários. Entretanto, as concessões que o bloco sul-americano poderia conferir à UE esbarram na ausência de regulamentação dentro dos próprios países membros, o que os obriga com certa insistência a se comprometerem com um regime regulatório indesejável[117].

As cláusulas restritivas, por outro lado, apresentadas pelo MERCOSUL configuram uma preocupação acentuada, sobretudo pelo Brasil, no comprometimento de políticas nacionais de desenvolvimento social e regional e redução das desigualdades sociais. Por isso, a posição assumida pelo país em torno dessa questão desagradou ao bloco europeu, que considerou inaceitável a oferta do MERCOSUL sobre compras governamentais e investimentos.

Grande parte do posicionamento adotado em relação à negociação no setor de serviços se aplica também aos produtos

---

[116] RIBEIRO, D. M. G. "A política agrícola na agenda das negociações entre União Europeia e o MERCOSUL". In: *As relações entre União Europeia e a América Latina: convergências e divergências da agenda birregional*. SILVA, K. (org.). Florianópolis: Ed. UFSC, 2011.

[117] FECOMÉRCIO – *MERCOSUL e a União Europeia. Revisitando o comércio de serviços*. Cadernos FECOMÉRCIO de ECONOMIA INTERNACIONAL, nº. 2. São Paulo, 2007. Disponível em http://www.fecomérciosp.com.br/arquivos/outros/8ff402c2c2b9_cadernos 30pdf>. Acesso em 23 de junho de 2014.

manufaturados. Além das restrições associadas à defesa de políticas sociais, a situação se agravou devido a desentendimentos internos no bloco mercosulino. Brasil e Argentina são protagonistas de uma divergência comercial mantida desde o final da década de 1990, caracterizada, por um lado, pelo aumento da competitividade dos produtos brasileiros devido à desvalorização do real após o fim da paridade entre a moeda brasileira e o dólar. E, por outro, em virtude da sistemática perfuração da Tarifa Externa Comum (TEC), que impõe, quando as exportações brasileiras alcançam 30%, o mecanismo das quotas.

Conclusão

É no contexto do fracasso da ALALC e do advento da ALADI, na década de oitenta do século passado, no transcurso da redemocratização do Cone Sul, do retorno do paradigma liberal ou neoliberal, depois de cinquenta anos de seu colapso em decorrência da crise de 1929, das propostas do Estado Normal ou do Estado Menor, a partir do governo Ronald Reagan (1981-1989) e da primeira-ministra inglesa Margareth Thatcher (1979-1990) e do abandono do paradigma nacional-desenvolvimentista de política externa em toda a América Latina, que é formulado o plano de constituição do MERCOSUL. Vale lembrar que sua formulação só foi possível porque a ALADI abrigava, ao contrário da ALALC, acordos bilaterais.

Assim sendo, Brasil e Argentina puderam desenvolver negociações em torno das hidroelétricas e da energia nuclear, ensejando, a partir do setor energético central no âmbito da infraestrutura e do avanço tecnológico-científico, que ocorreria o transbordamento, o *spill over*, para outras áreas do processo de integração tão importantes como esse. O exemplo da formação da Comunidade Econômica Europeia a partir da criação, em 1952, da Comunidade Econômica do Carvão e do Aço (CECA) confirmava esta hipótese. Constituída, logo após a Segunda Guerra, por Alemanha e França, inimigas centrais nos dois maiores conflitos mundiais do século vinte, a CECA deu origem ao processo de integração europeu.

O MERCOSUL, portanto, nasce se identificando com o exemplo da Comunidade Econômica Europeia (CEE) na implementação de um modelo de integração que, à época, alcançava um enorme sucesso, posto que alavancava as economias dos Estados europeus, destruídas durante a Segunda Guerra Mundial. Ademais, a CEE representava, ainda, juntamente com o Japão, uma alternativa ao bipolarismo, ao poderio econômico militar concentrado nas duas superpotências: a norte-americana e a soviética.

O MERCOSUL foi criado a partir da Declaração de Foz de Iguaçu em dezembro de 1985, elaborada pelos governos do Brasil, chefiado pelo presidente José Sarney (1985-1990), e da Argentina, por Raúl Alfonsín (1983-1989). Três anos depois, foi a vez de os dois países assinarem o Tratado de Integração, Cooperação e Desenvolvimento (TICD). E, em 1991, foi formulado o Tratado de Assunção, mediante o qual ocorre a adesão do Paraguai e do Uruguai ao projeto de integração iniciado pelo Brasil e pela Argentina seis anos antes.

A inclusão de países que possuíam enormes assimetrias em relação aos dois sócios maiores deu-se sem um preparo prévio, no transcurso do debate envolvendo a implantação da Área de Livre Comercio das Américas (ALCA) e durante a vigência de governos de extração neoliberal no Brasil, como o de Fernando Collor de Mello (1990-1992) e o de Carlos Saúl Menem (1989-1999), na Argentina.

Foi por obra do Tratado de Assunção, em 1991, que de fato foi instaurado o Mercado Comum do Sul, o MERCOSUL, enquanto aliança comercial visando dinamizar a economia regional e movimentar, entre os quatro países signatários, mercadorias, pessoas, fatores produtivos e capitais.

Inicialmente, essa associação operaria nos limites estabelecidos pela Zona de Livre Comércio, no âmbito dos quais os Estados membros não tributariam ou restringiriam as importações um do outro. A partir de 1º de janeiro de 1995, tal Zona converteu-se em uma União Aduaneira, estágio do processo de integração que permitia aos signatários cobrar a mesma tarifa na importação de mercadorias vindas dos países membros do bloco. A observância dessa norma tributária asseguraria a consolidação da União Aduaneira, impondo, por conseguinte, a todos os países membros do bloco, a adoção da Tarifa Externa Comum (TEC).

O MERCOSUL, no entanto, não é plenamente uma Zona de Livre Comércio ou uma União Aduaneira e nem mesmo pode ser considerado um Mercado Comum, pois sistematicamente a Tarifa Externa Comum (TEC) é perfurada, ou, melhor dizendo, transgredida. Quando as exportações brasileiras para a Argentina atingem 30%, este país impõe as quotas ao setor de calçados, da linha branca, como geladeiras, fogões e máquinas de lavar e, por fim, ao automotivo. Muito embora no que tange a alguns itens como atoalhados, brim e outros mais, o Brasil detenha 60% desse setor, somando 30% do mercado interno argentino e mais 30% das exportações.

A constituição de uma Área de Livre Comércio, União Aduaneira e Mercado Comum, por outro lado, encontra outros entraves além das quotas, isto é, os certificados de origem, a burocracia estatal argentina.

A nomeação de um superministro, a exemplo de Guillermo Moreno, secretário do Comércio Interior da Argentina, de 2005 até 2013, explicita a orientação do governo argentino no sentido de dificultar a entrada de mercadorias oriundas de países do MERCOSUL, preferencialmente do Brasil. Assumindo a posição de um burocrata dotado de poderes excepcionais, coube a Moreno a tarefa de desacelerar por meio de expedientes burocráticos a emissão de certificados de importação ou exportação emitidos pelo governo argentino.

Tais medidas, que possuem um evidente caráter protecionista, justificam-se, até certa medida, em períodos de crises, como aquele que atingiu a Argentina de 2001-2002, em função da qual o governo brasileiro aceitou o sistema de quotas. A questão é que estas medidas protecionistas foram mantidas ininterruptamente, mesmo depois da recuperação da economia argentina, restringindo, por um lado, a livre circulação de mercadorias e fatores produtivos, gerando a dupla ou a tripla cobrança de tarifas alfandegárias e, por outro, em virtude da demora na emissão dos certificados de origem de importação e exportação, a formação de filas imensas de caminhões nos postos de fiscalização fronteiriços entre o Brasil e a Argentina.

O MERCOSUL, no que respeita aos estágios do processo de integração, se encontra em uma fase na qual a denominada União, que abrange 27 países da Europa, não foi ainda alcançada. Os membros do MERCOSUL não possuem uma política econômica comum, um banco central, uma moeda única, nem, por enquanto, um Parlamento representativo, fruto de partidos organizados e intensas disputas eleitorais.

Ele não incorporou, até o presente momento, instituições supranacionais. Por conseguinte, a soberania de cada Estado membro continua prevalecendo, impedindo sua delegação ou que sejam aceitas normas de caráter pontual que beneficiem todo o bloco.

No ano seguinte ao Tratado de Assunção, o Chile, que desde a década de setenta do século passado havia se desligado da Comunidade Andina de Nações (CAN), e a Bolívia adquiriram o status de membros associados. Outras nações latino-americanas manifestaram a intenção de entrar no bloco, a última em 2012. Após a suspensão temporária do Paraguai, decorrente do rápido e inusitado *impeachment* do presidente Fernando Lugo, foi a vez da Venezuela.

Na atualidade, em virtude da entrada dessa última, o MERCOSUL é composto por cinco membros, abrangendo não apenas o Cone Sul, a região da bacia do Rio da Prata, palco de muitos conflitos durante o Primeiro (1822-1831) e o Segundo Império (1840-1889) brasileiro, mas também o Norte do Brasil, a região setentrional da América do Sul e a Bacia Amazônica. Ele engloba um imenso território estendendo-se, nos dias de hoje, do Caribe até a Patagônia.

Com a entrada da Venezuela no bloco, poder-se-ia viabilizar a implantação de um anel energético, pois esse país dispõe de enormes reservas no âmbito dos hidrocarbonetos, juntamente com a Bolívia, situação que sedimentaria o processo de integração através desse item fundamental da infraestrutura, que proporcionaria a imprescindível autossuficiência, sob o ponto de vista energético, dos países associados e membros do MERCOSUL.

Sob o aspecto da ordenação jurídica, em 2004 entrou em vigor o Protocolo de Olivos (2002), que criou o Tribunal Arbitral Permanente de Revisão do MERCOSUL, com sede na cidade de Assunção (Paraguai). Uma das fontes de insegurança jurídica nos quadros do processo de integração era a falta, até o início do século passado, nas instâncias institucionais que compunham o MERCOSUL, de um tribunal permanente.

Muitos sul-americanos veem o MERCOSUL como um órgão de defesa contra a influência dos EUA na região, tanto na forma de Área de Livre Comércio das Américas (ALCA) quanto nos tratados bilaterais. De fato, este impede que tais tratados sejam negociados em separado. Toda e qualquer decisão no âmbito do MERCOSUL só pode ser tomada por unanimidade e consensualmente, a exemplo da entrada da Venezuela no bloco. Nesse sentido, ele não permite acordos bilaterais, preferindo negociá-los em conjunto, pois só assim, em seu entender, haveria a garantia de maiores ganhos. Ainda assim, alguns Estados membros têm a permissão, com algumas restrições, de implementá-los.

De qualquer maneira, há inúmeras críticas ao impedimento de acordos bilaterais, alegando-se que as resoluções, por serem consensuais, aprovadas por todos os membros do MERCOSUL, obedecendo ao estatuto normativo deste, exigem um tempo maior para serem aprovadas e aumentam as dificuldades para serem concluídas. O Uruguai pediu permissão para fechar acordos bilaterais com os EUA durante o período em que esteve à frente, pela segunda vez, da chancelaria brasileira o ministro Celso Amorim (2003-2007). Estes foram aprovados, desde que as mercadorias importadas não fossem comercializadas com outros membros do MERCOSUL, obrigando o Uruguai a pagar uma taxa alfandegária, caso viesse a exportá-las.

A iniciativa para a Integração da Infraestrutura Regional Sul-Americana, cuja sigla é IIRSA, surge de uma proposta apresentada em agosto de 2000 em Brasília, durante a reunião de presidentes da América do Sul, na qual foi discutido o projeto de coordenar o planejamento para a construção de infraestrutura logística dos diferentes países do continente sul-americano.

Reunindo doze países da América Meridional, a IIRSA visa estimular a integração sul-americana, através da integração física desses países mediante ações conjuntas de modernização da infraestrutura de transportes, energia e telecomunicações. Pretende-se, por meio dela, consolidar os processos de integração, sobretudo o MERCOSUL, favorecendo a integração política, econômica e sócio-cultural da América do Sul.

A IIRSA é financiada desde a sua criação pelo Banco Interamericano de Desenvolvimento (BID), pela Corporação Andina de Fomento (CAF) e pelo Fundo Financeiro para o Desenvolvimento da Bacia da Prata (FONPLATA). Além dessas agências, a IIRSA também recebe recursos oriundos do banco governamental brasileiro: o Banco Nacional de Desenvolvimento Econômico e Social (BNDES).

Juntamente com a ALADI, a CAN (enfraquecida devido à saída do Chile na década de setenta do século passado e da

Venezuela, em 2012), o MERCOSUL e a IIRSA, em 2007, foi criada a UNASUL. Ela é uma nova proposta de integração regional, que assume o lugar da Comunidade Sul-Americana de Nações (CASA). É um projeto que procura viabilizar o aprofundamento dos vínculos entre os países da região, mesmo diante de um padrão histórico de expectativas frustradas de desenvolvimento econômico e social a partir da integração. Representa uma mudança na agenda da integração e contempla, além de temas comerciais, também aqueles de grande impacto e de grande potencialidade que advêm das ações concernentes à união do espaço econômico, interligadas aos processos de integração na esfera da infraestrutura e da energia. Os planos de cooperação regional nessas duas áreas, que cada vez mais passam a nortear as ações no seio da UNASUL, criam vinculações e interdependências entre os doze países sul-americanos membros dessa organização, que acabam aproximando-os de unidades territoriais nacionais e blocos mais distantes.

A UNASUL constitui-se em um projeto que busca viabilizar o aprofundamento dos vínculos entre os países da América do Sul, sendo evidente a importância de se intensificar a percepção a respeito da centralidade da integração econômica, mas evitando, isto sim, remetê-la apenas ao livre comércio.

Assim sendo, o Conselho de Defesa Sul-Americano, segundo alguns analistas, constitui-se no órgão mais importante da UNASUL, sobretudo porque permite aos países dessa região solucionar conflitos, negociando acordos em conjunto — a exemplo das negociações visando resolver o embate entre Equador e Colômbia, após este país violar fronteiras e atacar território equatoriano, em ação tencionando combater o grupo guerrilheiro colombiano das FARCS —, banindo, dessa maneira, a sistemática ingerência norte-americana no subcontinente, prática recorrente no período da Guerra Fria (1947-1991), nos quadros da concepção vigente nesse período de áreas de influência.

Cabe, ainda, a este órgão da UNASUL a elaboração de políticas de defesa conjunta, promoção de intercâmbio de pessoal do setor das forças armadas de cada país, realização de exercícios militares conjuntos, operações de paz da Organização das Nações Unidas (ONU), promovendo a troca e a análise em torno dos cenários mundiais de defesa e a integração de bases industriais de material bélico.

Em 17 de dezembro de 2007, Israel firmou o 1º Tratado de Livre Comércio (TLC) com o bloco de países membros do MERCOSUL. E em 2 de agosto de 2010, foi a vez de o Egito assiná-lo.

Em 1995, o MERCOSUL estabeleceu com a UE o Acordo-Quadro Inter-Regional de Cooperação, que não resultou em uma proposta conclusiva até o momento. Apesar de os blocos se auto imporem prazos para a formalização do acordo, as denúncias da recíproca falta de flexibilidade em relação às proposições e ofertas apresentadas acabaram por dificultar ainda mais o processo de negociações que, por esse motivo, se encontra emperrado.

No que respeita esse Acordo, o otimismo dos países do MERCOSUL e da América Latina esmoreceu após verem fracassar os vários encontros de cúpula, nos quais os objetivos de intensificar as relações inter-regionais nunca foram plenamente atingidos. A esperança de obter avanços no sentido de liberalização comercial entre MERCOSUL e UE, mediante um Acordo de Livre Comércio, distancia-se ainda mais, em virtude de as negociações tarifárias envolvendo os produtos sensíveis serem, após persistentes fracassos, constantemente reprogramadas.

A pauta das reivindicações contempla, a fim de que de fato o Acordo possa ser selado, temas como: a harmonização das regras fitossanitárias, simplificação burocrática dos procedimentos não tarifários e as concessões automáticas de importações. Para garantir um balanço positivo nas condições do comércio de produtos agrícolas, segundo os países membros do MERCOSUL, a questão tarifária deve ser precedida da eliminação de subsídios às exportações.

As relações inter-regionais a partir do exemplo do Acordo entre UE e MERCOSUL, ao invés de dinamizar projetos de cooperação e da intensificação do intercâmbio comercial, político e cultural, expressam a crescente competição entre blocos, tendência essa que se converteu, nos últimos anos, em obstáculo para o sistema comercial multilateral. Se, por um lado, os Acordos supõem a cooperação enquanto preceito intrínseco à integração, por outro lado, percebe-se que esta encontra enormes dificuldades para se afirmar em face da manutenção das barreiras protecionistas explicitadas na prática do fornecimento de subsídios.

Ambos os blocos envolvidos no processo de negociação do Acordo de Livre Comércio sabem que o que está realmente em jogo é a questão agrícola. Destarte, é notável que o êxito delas dependa do sucesso que possa ser alcançado na reforma da Política Agrícola Comum da UE e do avanço multilateral representado pela remodelação das normas que regem a Organização Mundial do Comércio (OMC).

Mesmo assim, apesar do fracasso nas negociações do Acordo com a UE e das evidentes limitações do MERCOSUL, o comércio entre os países desse bloco ao longo dos últimos vinte anos multiplicou-se por dez. Em 1991, segundo o ex-ministro das Relações Exteriores Antonio Patriota, ele somava US$ 4,5 bilhões, e em 2011 chegou a US$ 45 bilhões. Nos anos recentes, as exportações no interior do MERCOSUL cresceram três vezes mais do que aquelas extra-bloco. Esses dados dão bem a medida da importância do MERCOSUL enquanto instrumento de desenvolvimento econômico da região.

Mas ele não se resume ao aspecto econômico: há avanços em matéria de construção de confiança mútua e de aprofundamento de diálogo. Progrediu-se, apesar dos pesares, nas políticas sociais e na cidadania. É grande, hoje em dia, o grau de mobilidade de pessoas no interior do bloco. Há facilidade para viajar na condição de turista, utilizando apenas a carteira de identidade, para trabalhar, estudar e mesmo estabelecer uma residência permanente. A vontade das autoridades mercosulinas é que a mobilidade seja irrestrita. Um dos passos essenciais a serem dados nesse sentido é criar um modelo comum de registro de identidade e placa de veículos, o que também está previsto no Plano de Ação do Estatuto da Cidadania.

Este último aprovado em dezembro de 2010, durante a presidência *pro tempore* brasileira, prevê, ainda, a criação de um Sistema MERCOSUL de Defesa do Consumidor, que contará com um elenco de informações e ações regionais de capacitação, além de normas específicas sobre esse tema que deverão ser adotadas por todos os sócios.

Por fim, o MERCOSUL contribui, ainda, para fortalecer a democracia, mediante a cláusula pétrea instituída pelo Tratado de Ushaia que suspende ou expele do bloco o país membro que infrinja o Estado de direito democrático. Oferece-nos a possibilidade de conhecermos melhor nossos vizinhos e de sermos mais conhecidos por eles. Assegura o respeito às normas previdenciárias, qual sejam as contribuições que foram depositadas em um Estado-Parte do bloco valem para o cálculo de aposentadorias e pensões no país de origem. E estabelece, ademais, uma série de normas importantes sobre circulação de pessoas e de bens, educação, direitos humanos e cooperação consular.

Nesse sentido, embora os desafios sejam muitos, os ganhos, como vimos, incentivam os países integrados ao MERCOSUL a prosseguir no rumo da integração. Não é por outro motivo que se explica a entrada dos associados, Bolívia primeiramente e Equador depois, como membros plenos e a elaboração e aprovação do Plano Estratégico de Ação Social e do Estatuto da Cidadania do MERCOSUL.

OUTRAS LEITURAS, OUTRAS VISÕES

ALLEGATI SOCIO-STATISTICI. Disponível em http://csem.org.br/images/downloads/estatisticas/Dati_statistici.pdf. Acesso em: 19/08/14.

ALMEIDA, P. R de. *MERCOSUL: fundamentos e perspectivas.* São Paulo: LTr, 1998.

AZAMBUJA, D. *Teoria geral do Estado.* Porto Alegre: Editora Globo, 1973.

BADIE, B. "Da soberania à competência do Estado". In: *As novas relações internacionais – práticas e teorias.* SMOUTS, M. C. (org.) Brasília: Ed. UNB, 2004.

BALASSA, B. *Teoria da integração econômica.* Lisboa: LCE, 1980.

BANDEIRA, L. A. M. "O Brasil e a América do Sul". In: *Relações internacionais do Brasil: temas e agendas.* OLIVEIRA, H, A, LESSA, A. C. (orgs.), v. 1. São Paulo: Saraiva, 2006.

BANDEIRA, L. A. M. *Brasil, Argentina e Estados Unidos – Conflito e integração na América do Sul (Da Tríplice Aliança ao MERCOSUL).* Rio de Janeiro: Revan, 2003

BANDEIRA, L. A. M. "Aspectos da crise nos países da América do Sul". In: *I Conferência Nacional de Política Externa e Política Internacional (CNPEPI): O Brasil no mundo que vem aí.* MOSCARDO, J. CARDIN, C.H. Brasília: Fundação Alexandre de Gusmão, 2007.

BASSO, M. (org.). *MERCOSUL – MERCOSUR: estudos em homenagem a*

Fernando Henrique Cardoso. São Paulo: Atlas, 2007.

BEÇAK, P. *MERCOSUL: uma experiência de integração regional*. São Paulo: Contexto, 2000.

BRASIL – MINISTÉRIO DAS RELAÇÕES EXTERIORES COMUNIDADE SUL-AMERICANA DE NAÇÕES: documentos. Brasília: Fundação Alexandre de Gusmão, 2005.

BUENO, C. *Política Externa da Primeira República – Os anos de apogeu de 1902 a 1918*. São Paulo: Paz e Terra, 2003.

CARDOSO, Luís Fernando. Disponível em http://www.dropbox.com/s/yiegz7jiwomomKu4/Direito. Acesso em 10 de agosto de 2014.

CERVO, A. L. *Relações internacionais da América Latina: velhos e novos paradigmas*. São Paulo: Saraiva, 2007.

CHIARELLI, C. A. G. *Temas de integração com enfoque no MERCOSUL*. São Paulo: LTr, 1997.

CONDURU, Guilherme Frazão. *O subsistema americano, Rio Branco e o ABC*. Rev. Bras. Polít. Int. 41 (2): 59-82, 1998.

COUTINHO, G. G. *O Parlamento do MERCOSUL: a transnacionalização da política na periferia do capitalismo em uma análise preliminar*. Congress of the Latin American Studies Association, 18 de janeiro de 2009. Disponível em http:// lasa.international.pitt.edu/members/congress-papers/lasa 2009/files/coutinho

COUTO, L. F. *O horizonte regional do Brasil e a constituição da América do Sul*. Brasília: 2006. Disponível em http://www.unb.br/irel/New Files/Leandro Freitas. Pdf >. Último acesso em 14 de agosto de 2014.

DEFARGES, P. M. *Introdução à Geopolítica*. Lisboa: Gradiva, 2003.

DINGES, J. *Os anos do Condor*. São Paulo: Companhia das Letras, 2005

DOMINGUES, J. M. *Regionalismo, poder de Estado e desenvolvimento*. Análise de Conjuntura OPSA nº 7 p. 1-16, junho de 2005. Disponível em http://observatorio.iuperj.br/pdfs/8_analises_Analise_conjuntura_junho_

pdf>. Acesso em 21 de junho de 2014.

DUROSELLE, J. B s.. & KASPI, A. *História das relações internacionais de 1945 aos nossos dias*. Lisboa: Textos & Grafia, 2009.

FECOMÉRCIO – *MERCOSUL e a União Europeia. Revisitando o comércio de serviços*. Cadernos FECOMÉRCIO de ECONOMIA INTERNACIONAL, nº 2. São Paulo: 2007. Disponível em http://www.fecomérciosp.com.br/arquivos/outros/8ff402c2c2b9_cadernos 30pdf>. Acesso em 23 de junho de 2014.

GARNELO, Vicente. El Debate sobre el modelo de integración de la ALADI y su evolución. *Primer Premio Concurso de Ensayos sobre integración regional ALADI 2010, Montevidéu, junho de 2011*.

GINESTA, J. *El MERCOSUR y su contexto regional e internacional*. Porto Alegre: Ed. UFRGS, 1999.

HAAS, E. *The study of regional integration: reflections on the joys and agonies of pre-theorising*. Londres: International Organization, v. 24, nº 4, 1970.

HERZ, M. *Organizações internacionais: história e práticas*. Rio de Janeiro: Elsevier, 2004.

HIRST, M. *The United States and Brazil*. Nova York: Routledge, 2005.

HONTY, G. LOBATO, V. MATTOS, J. *Energia 2025; escenarios energéticos para el MERCOSUR*. Montevidéu: Córdoba, 2005.

KEGEL, P. Soberania e Supranacionalidade dos Estados membros da UE: "o point of no return" da integração regional. In: *Direito da Integração*. PIMENTEL, L, O. (Org.) v. II. Curitiba: JURUÁ, 2001.

KERBER, G. *MERCOSUL e supranacionalidade*. São Paulo: LTr, 2001.

KLEIN, Naomi. *Sem logo: a tirania das marcas em um planeta vendido*. Rio de Janeiro: Record, 2000.

KOZULJ, R. *La industria y el gás natural em America del Sur; situación y posibilidades de la integración de los mercados*. Santiago: CEPAL, 2004

LIMA, M. R. S & COUTINHO, M. V. *Globalização, regionalização e América do Sul*. Análise de Conjuntura. OPSA, nº 6, p.1-10, maio, 2005. Disponível em http://observatório.iuperj.br/pdfs/7_analises_Globalização e Regionalização e América do Sul pdf. Acesso em 22 jullho de 2014.

LOPES, D. B. *Política externa e democracia*. São Paulo: Ed. UNESP, 2013.

LUQUINI, R. A. de. "Evolução das relações entre União Europeia e a América Latina". In: *Integração e ampliação da União Europeia: um modelo para o MERCOSUL*. DEL POZO, C, F, M, D, B, M, J. (coords.). Curitiba: Juruá, 2003.

MAGNOLI, D. ARAÚJO R. *Para entender o MERCOSUL*. São Paulo: Moderna, 1998.

MARIANO, M. P. *A política externa brasileira, o Itamaraty e o MERCOSUL*. Tese de doutorado – Faculdade de Ciência e Letras da UNESP, Araraquara, 2007.

MARIANO, M. P. *A estrutura Institucional do MERCOSUL*. São Paulo: Aduaneiras, 2000.

MELLO, L. I. A. *Argentina e Brasil: a balança de poder no Cone Sul*. São Paulo: Annablume, 1996.

MELLO, C. A. de. *Direito internacional da integração*. Rio de Janeiro: Renovar, 1996.

MERCOSUL. Mercado Comum do Sul. Decisões do Conselho do Mercado Comum. MERCOSUL/CMC/DEC. Nº 26/03.

MOTA, J. C. de. *A União Europeia servidouro das soberanias nacionais? A compatibilidade da soberania nacional com a qualidade de Estado--Membro da União Europeia*. Lisboa: Instituto Superior de Ciências Sociais e Políticas, 1995.

OHMAE, K. *O fim do Estado-Nação*. Rio de Janeiro: Campus, São Paulo: Publifolha, 1999.

OLIVEIRA, M. F. de. *MERCOSUL: Atores, política e grupos de interesses brasileiros*. São Paulo: Ed UNESP, 2003.

PECHAT, W – www.fundap.sp.gov.br

PRAZERES, T. "A integração sul-americana: uma estratégia ainda fora do lugar?" In: *O Brasil e a América do Sul: desafios do século XXI*. Brasília: Fundação Alexandre de Gusmão, 2006.

REAL, R. V. *Estratégias das empresas de gás natural no Cone Sul*. Rio de Janeiro: IE/UFRJ, 2006.

RIBEIRO, D. M. G. "A política agrícola na agenda das negociações entre União Europeia e o MERCOSUL". In: *As relações entre União Europeia e a América Latina: convergências e divergências da agenda birregional*. SILVA, K. (org.). Florianópolis: Ed. UFSC, 2011.

RIBEIRO E. S. de. *Parlamento do MERCOSUL: forma de organização e perspectivas à participação social e às políticas públicas*. Observador on-line. Publicação do Observatório Político Sul-Americano. Rio de Janeiro: IUPERJ, v. 2, nº 12, dezembro de 2007. Disponível em http:// observatorio iesp.uerj.br/pdfs 26_observador-topico_Observador_ v2_n 12, pdf>. Acesso em 18 de agosto de 2014.

SANTOS, E. (org.). *Gás natural: estratégia para uma energia nova no Brasil*. São Paulo: Annablume FAPESP/PETROBRAS, 2002.

SANTOS, M. *Por uma outra globalização: do pensamento único à consciência universal*. Rio de Janeiro: Record, 2002.

SANTOS, S. G. M. *A participação dos países em desenvolvimento no sistema multilateral de comércio – GATT/OMC – 1947/2001*. Tese de doutorado – Universidade de São Paulo, 2005.

SASSEN, S. "Território e territorialidade na economia global". In: *Globalização e identidade nacional*. RODRIGUES, J. (org.) São Paulo: Atlas, 1999.

SCHMIED, J. *Cenários da integração regional: os desafios da União de Nações Sul-Americanas (UNASUL) – O novo caminho da integração na*

América do Sul. Cadernos Adenauer. Rio de Janeiro, v. 1, 2007.

SEITENFUS, R. *Relações internacionais*. Barueri: Manole, 2004.

SILVA, F. C. T. "Mundo latino e mundialização". In: COSTA, D. (org.). Rio de Janeiro: Mauad, 2004.

SILVÉRIO, F. *O papel das identidades nacionais na construção de uma identidade mercosulina*. Trabalho de Conclusão de Curso – UNESP, Franca, 2011.

THORSTENSEN, V. *OMC – Organização Mundial do Comércio. As regras do comércio internacional e a nova rodada de negociações multilaterais*. São Paulo: Aduaneiras, 2001.

TOMAZINI, R. C. *As relações econômicas entre União Europeia e MERCOSUL e a tentativa de institucionalização de um acordo de Livre Comércio, 1991 a 2005*. Tese de doutorado – Universidade de Brasília, 2009.

VAILLANT, M. "Objectivos, resultados y restricciones de la negociación común con terceros en el MERCOSUR". In BARBOSA, R. A. (org.). *MERCOSUL quinze anos*. São Paulo, Fundação Memorial da América do Sul: Imprensa Oficial do Estado de São Paulo, 2007.

VALLADÃO, A. G. A. *O peso do setor agrícola nas negociações sobre o Tratado de Livre Comércio entre União Europeia e o MERCOSUL*. Berlim, FDCL, Forschungs- und Dokumentationszentrum. Chile Lateinamerika EV, 2004. Disponível em http://fdcl-berlin de/file admin/fdc/Valladão 052004, pdf. Acesso em 23 de junho de 2014.

VASCONCELOS, H. C. S. *A institucionalidade do MERCOSUL: impasses e oportunidades das estruturas intergovernamentais e supranacionais*. Brasília: Ed. UNB, 1999.

VAZ, A. C. *Cooperação, integração e processo negociador: a construção do MERCOSUL*. Brasília: IBRI, 2002.

VIGEVANI, T. & VEIGA, J. P. *MERCOSUL: interesses e mobilização sindical*. Coleção Documentos, Série Assuntos Internacionais, São Paulo: IEA/USP, nº 38, 1995, p. 1-29.

VIOTTI & KAUPPI. *International Relations theory: Realism, Pluralism, and Globalism*. Nova York: Macmillan, 1993.

VIZENTINI, P. F. "A política externa da Venezuela frente à globalização (1989-2001)". In: *Venezuela: visões brasileiras*.GUIMARÃES, S. P. e CARDIM, C. H. (orgs.). Brasília: IPRI, 2003.

WOLFRAM, F. K. *El Mercosur – Empresários y sindicatos frente los desafios del proceso de integración*. Caracas: Editorial Sociedad, 2000.

Arquivos

Centro de Memória e Documentação da UNESP (CEDEM-UNESP). Acervo Oboré.

Sobre o autor

Augusto Zanetti cursou Disciplinas Econômicas e Sociais (DES) na Itália, na Universitá Comerciale Luigi Boccone (Milão). É graduado em História pela USP, instituição na qual realizou seu mestrado em que discute o tema da organização do trabalho tal como figura na revista italiana: L'Organizazzione Scientifica del Lavoro (1927-1943). Sua tese de doutorado, em História Social, foi realizada na UNICAMP. Nela prosseguiu suas investigações sobre a racionalização do trabalho, abordando a introdução do Taylorismo no Brasil e a personagem que a historiografia frequentemente associa a esta temática: o engenheiro Roberto Mange. Lecionou em diversas instituições privadas de nível superior, entre as quais a FAI, a UNIBAN e a PUC-SP. Atualmente é professor de Relações Internacionais da UNESP – Franca e da UNIFMU. Desenvolve linhas de pesquisas enfocando a organização do trabalho no âmbito do MERCOSUL. Organizou o acervo sindical Oboré no centro de documentação da UNESP (CEDEM). Autor do livro *Comércio Internacional - Do GATT à OMC* da editora Claridade.

Impresso por :

gráfica e editora

Tel.:11 2769-9056